张曼娟
黄羿瓅

著

品读65位诗人的诗歌人生

·北京·

唐詩樂遊園（上）；唐詩樂遊園（下），張曼娟 黃羿璢 著
ISBN 978-986-320-323-0；978-986-320-324-7
本书通过四川一览文化传播广告有限公司代理，经 张曼娟 紫石作坊有限公司授权出版中文简体字版本。
本版本仅限在中国内地（大陆）销售，不得销往其他国家或地区。未经许可，不得以任何方式复制或抄袭本书的任何部分，违者必究。

北京市版权局著作权合同登记号：01-2020-2357

图书在版编目（CIP）数据

走进历史读唐诗：品读65位诗人的诗歌人生 / 张曼娟，黄羿璢著. —北京：化学工业出版社，2019.6
ISBN 978-7-122-34065-8

Ⅰ.①走⋯ Ⅱ.①张⋯②黄⋯Ⅲ.①诗人-生平事迹-中国-唐代②唐诗-诗歌欣赏 Ⅳ.①K825.6 ②I207.227.42

中国版本图书馆CIP数据核字（2019）第047019号

责任编辑：丁尚林 谢 娣　　　　　　文字编辑：李 曦
责任校对：张雨彤　　　　　　　　　　装帧设计：溢思视觉设计

出版发行：化学工业出版社（北京市东城区青年湖南街13号　邮政编码100011）
印　　装：中煤（北京）印务有限公司
710mm×1000mm　1/16　印张 19$\frac{3}{4}$　字数 211 千字　2020 年 1 月北京第 1 版第 1 次印刷

购书咨询：010-64518888　　　　　　　　售后服务：010-64518899
网　　址：http://www.cip.com.cn
凡购买本书，如有缺损质量问题，本社销售中心负责调换。

定　　价：48.00元　　　　　　　　　　　　　　　版权所有　违者必究

欢迎光临，唐诗游乐园

张曼娟

大唐盛世。

这四个字代表的就是气势恢宏，昂扬自信。

在那样的时代，女生不用减肥瘦身，因为丰腴健康就是美，她们可以跃上骏马，四处驰骋，也可以和男生打激烈的马球赛；在那样的时代，男生不用逞凶斗狠，因为侠义就是他们的灵魂，他们可以穿越沙漠，在穹苍之下，用月光杯饮香醇的葡萄美酒。

在那样的时代，出现了最有气魄的女人，则天皇帝；也出现了最为浪漫的君主，玄宗皇帝。那样的年代，月特别亮，酒特别烈，剑特别快，花特别香。

那样的时代，生出了许多玲珑心窍，宛若贬谪人间的神祇，隶属诗的游乐园。他们作诗、唱诗，还使绝句与律诗走向成熟，盛行起来。这些所谓的近体诗，精简细致，情意充沛，每一首都是艺术品，闪闪发光。深刻的情感，圆融高妙的技巧，充分完整的表达。

虽然唐诗的创作有严谨的格律和音韵要遵守，但我们吟咏着这些美好的句子，感觉却那样自然亲切而顺口，全然不觉得束缚，这是成熟韵文的表现——在限定的框架中，跳着最轻灵曼妙的舞蹈。舞者娴熟酣畅，观者惊叹感动，框架竟像是根本不存在的。

到底是什么样的奥秘，使唐诗超越了时代，焕发着恒久存在的生命力？

2006年，我凭着一腔热情创办了"张曼娟小学堂"，同年也出版了有声书系列，第一堂课就是"客船开到哪里去"，谈的是张继的《枫桥夜泊》这首诗，不仅欣赏他的描写技巧，也穿越到他失眠的那个夜晚，揣摩他的心境。连串的挫败与失意，袭击而来，与那些功成名就、志得意满的人相比，他只是一个失败者，但在客船上的那一夜，却因为这首诗，他突围了，在唐诗游乐园里，取得了一个醒目的席位。

就从张继的这首诗开始，"张曼娟小学堂"与有声书的出版，得到超乎想象的回响和支持，不分年龄的许多朋友都沉浸在重读经典的快乐中。"什么时候才能出版纸质书呢？这些好东西应该要细细地阅读，读过一遍又一遍啊。"就像是我们走进游乐园，便希望不要天黑，可以一直地开怀欢笑。

从有声书变为纸质书，对我来说，却又是一项艰巨的工程，经过了七年的筹划与酝酿，我心中的那座游乐园有了一个轮廓，而作家黄羿瓅老师也答应了我的邀请，一起投入这部作品的写作。在本书中，我们试图发掘让唐诗吟诵起来口齿生香、爱不释手的奥秘。

从初唐的"神童资优班"开始，唐诗的卷轴展开，到盛唐的李白、杜甫、王维、孟浩然、高适、岑参，再到中唐的白居易、刘禹锡、元稹、柳宗元、

韩愈，最终是晚唐的杜牧、李商隐，总共65位诗人。他们的生平际遇与命运转折，表现在不同时期的诗作中。了解他们的生命故事，发觉这些诗句的情境都是可以触摸、嗅闻、品尝的，有时甜蜜得令人微笑，有时苦楚得引人落泪。

唐诗有主题与风格的差异，于是便有社会写实派与浪漫派，田园诗与边塞诗，还有咏史、咏物、咏季节等，总共收录解析了205首诗。

我们认为唐诗的阅读应该充满魅力，也充满创作的灵感与启发，在教科书以外，在坊间的各种补充教材以外。期望本书的每一个章节都能触动读者的心扉，让读者感受到源源不绝的乐趣。

唐诗穿越千年岁月，来到二十一世纪，应该是一个少年，有着无限可能和一双灿亮亮的眼睛。

这翩翩少年正站在游乐园的入口处，向你递上一张辉煌的入场券，你可以跟着李白进入杨贵妃的牡丹园，随着崔颢目送高楼上的黄鹤远去；在白居易的船上聆听琵琶女的演奏，与杜牧一同细数江南烟雨中的楼台……

欢迎光临。祝你乐而忘忧。

秋日白露

主题一　客船开到哪里去？ / 001

那束永恒的月光 / 002

一首诗，博功名 / 004

从落第到及第之间 / 009

寒山寺，夜半钟 / 011

【创作模式启动】 / 014

主题二　神童诗人资优班 / 015

初唐诗，开启辉煌三百年 / 016

酒五斗，长歌怀采薇 / 018

四杰的排名与本领 / 021

众蝉鸣叫最高音 / 025

水仙王的孤单飞行 / 029

砸名琴而营销诗 / 034

【创作模式启动】 / 039

主题三　他是明月的孩子——李白 / 041

谜一样的天上谪仙 / 042

剑侠就是洒脱重情 / 044

远游时期，一颗亘古恒星诞生 / 047

辉煌的长安，寂寞的酒仙 / 052

抽刀断水的豪情 / 056

但愿长醉不复醒 / 059

离开长安，转过千重山 / 063

【创作模式启动】 / 066

目录

主题四 他的屋顶飞走了——杜甫 / 069

诗仙与诗圣 / 070

长安人情如纸薄 / 073

安史之乱,颠沛人生 / 077

草堂岁月,一行白鹭上青天 / 082

秋风秋雨,追逐飞走的屋顶 / 087

流转·流浪·流离 / 091

光华璀璨,身影万丈长 / 094

【创作模式启动】 / 095

主题五 胸中栖着一朵云——田园诗 / 097

山水田园好朋友 / 098

谁在登高时想我 / 100

抒情高手栽红豆 / 102

干杯吧,一腔的侠情 / 105

在雪中,一株芭蕉 / 107

在泉上见到月光 / 110

坐着遇见一朵云 / 113

凝碧池上的哀音 / 116

清诗句句孟襄阳 / 119

寂寞关上了柴门 / 122

夫子热爱的生活 / 124

自然风华,余音袅袅 / 128

满山落叶,涧水潺潺 / 131

【创作模式启动】 / 135

主题六　一望无际草原香——边塞诗 / 139

　　大唐就是不一样 / 140

　　边塞诗人真伟大 / 141

　　听听草原大漠之歌 / 142

　　热血游侠·政治家 / 144

　　豪侠的羌笛与梅花 / 148

　　敏锐新奇·艺术家 / 151

　　英雄也会失望，会想家 / 155

　　边塞歌声此起彼落 / 158

　　寂寞空闺妇愁怨 / 166

　　【唐诗精妙解析】/ 169

主题七　落花竟然如飞雪——时令诗 / 173

　　清明的雨，寒食的蜡烛 / 174

　　七夕的流萤，中秋的月 / 178

　　【唐诗精妙解析】/ 181

主题八　四季交响在诗里——季节诗 / 183

　　曲线提琴与鸟鸣 / 184

　　温暖气流在振动 / 187

　　铜管乐器的色泽 / 190

　　飞雪敲打着屋脊 / 194

　　【唐诗精妙解析】/ 197

目录

主题九　听听历史的心跳——咏史诗 / 199

　　历史，照见自己的影子 / 200

　　三国，多少英雄泪满襟 / 202

　　金陵，六朝捧在手上的心 / 206

　　楼台，一去不复回的翅膀 / 210

　　霸王，渡不渡得那条江？ / 214

　　荆轲，提剑出京易水寒 / 218

　　【穿越模式启动】 / 222

主题十　摸一摸风的形状——咏物诗 / 225

　　风是神奇魔术师 / 226

　　柳的风姿，菊的香气 / 228

　　鞠躬尽瘁一病牛 / 231

　　【唐诗精妙解析】 / 233

主题十一　悠长匀称的脉动——中唐诗 / 235

　　运动促进　诗的繁荣 / 236

　　没有宣传，大人小孩都喜欢 / 237

　　天长地久，此恨绵绵 / 240

　　江上琵琶，沦落天涯 / 244

　　鸟的母爱，鱼的悠哉 / 247

　　最美的，无法再遇见 / 250

　　新颖的，花窗与风景 / 252

　　苦吟诗人第一号 / 256

　　推敲十年磨一剑 / 258

天若有情天亦老 / 261

【唐诗精妙解析】 / 266

主题十二　乐游园上的余晖——晚唐诗 / 269

乱世的螃蟹与珊瑚 / 270

江湖散人茶博士 / 273

新嫁娘遇见考生 / 275

风流才子，扬州一梦 / 277

像一只蚕那样相思 / 281

如烟消逝的惘然 / 285

【唐诗精妙解析】 / 289

诗人点名表 / 290

主题一
客船开到哪里去?

那束永恒的月光

当我们还是幼童时认识的第一首诗,大多是李白的《静夜思》。这五言绝句,短短的二十个字,每个字都浅显易懂。花不了多少时间,好像唱歌似的,就背下来了,而且,一辈子都忘不掉。其实,这首诗有三个字是重复的,也就是说,诗人只用了十七个字,就完成了我们生命里的第一首诗。

— 李白 —

《静夜思》

床前明月光,

疑是地上霜。

举头望明月,

低头思故乡。

失眠的夜晚，明亮皎洁的月光，投射在我的床前。那样的透亮，就像是在地上结了一层薄薄的、寒凉的冰霜。抬起头仰望着天上的明月，这也是故乡的明月啊。于是，带着对故乡的深深思念，我沉重地垂下了头。

短短二十个字，怎么能写出"人、事、时、地、物"？还兼顾感触与深情？最重要的是让后人看到文言文的美。

文言文是一种简约而准确的文体，文中每一个字都包含着许多意思，每一个字都具有分量，就像是一颗子弹那样，充满速度和力道。这也就是为什么，从小接触诗词的我们，总可以在诵读时获得一种单纯的快乐，从声韵、节奏、格律、意象中，轻轻敲击着、触摸着这个世界。

写作的时候，老师一再强调"人、事、时、地、物"的重要性，但常常令我们觉得手忙脚乱，顾此失彼。李白的这首短诗如何能够容纳这一切？

先来看看诗中的"事"吧。远离故乡，漂泊在外的李白，并不是因为听见了乡音，或是吃到了故乡的美味，才想念故乡，而是因为一束明亮的月光。这是走到哪里都能看见的，也暗示我们，对于故乡的思念，是时时刻刻放在心上的。

李白这个"人"，也就代表了每个无法回家的人。对故乡的思念，是你，是我，也是他。

至于"时间"，当然是夜晚，也有人觉得这时节应该是秋天，或许就是因为周遭的寒凉空气，使得诗人眼中见到了月光，却联想起白霜,这当然是很厉害的"感官"摹写了。

相对于故乡,李白所在的地方无疑是个异乡,身在异乡,怀想故乡,两"地"对他来说,都有着重要意义。

至于"物",当然是那伴随着他的月亮了。李白诗中最钟爱的意象是月亮,他描写月亮的诗相当多。在《静夜思》中,四句诗有三句都在写月亮,最后一句的思乡,也是被月亮勾起的情绪。

一千三百多年前的一个寻常夜晚,在人生旅途中漂泊的李白,遇见一束月光,他挥笔留下这一刻。于是,千年以来,开启了许多人的诗的宇宙,那一束永恒的月光。

一首诗,博功名

在华人世界，就算是一首诗背不出的人，也知道《唐诗三百首》，这真是一本超级有名的诗集。

这本书并不是由唐代人编选的，而是由清代的一对夫妻档——蘅塘退士孙洙和妻子徐兰英携手完成的，说不定徐兰英花费的时间与心血更多些。可惜现在的人多半知道编书者是蘅塘退士，却没留意还有一位饱读诗书的才女也贡献了许多心力。在"女子无才便是德"的年代，能有徐兰英这样的女性，真是很难得的。

这本诗选集原本是给家塾孩子的读物，也可以验证一下"熟读唐诗三百首，不会吟诗也会吟"的说法是否属实。

他们参考了各家选本，总共选出七十七位诗人，共三百一十一首诗，每一首诗都是经典，令人爱不释手。这个选本顾及儿童与少年的学习，因此以流畅、典雅、亲切、情真的诗作为主，不仅受到家塾孩子的喜爱，也成了所有读者共享的宝典。后来的人翻印这本诗集，不免有些增补，到最后竟不断飙高，达到四百首呢。

但唐诗当然不止三四百首，目前仍保存下来的唐诗，约有五万首。

写作《红楼梦》的曹雪芹，有个深受康熙皇帝宠信的祖父曹寅，曹寅受康熙钦命，编选了《全唐诗》，此书共收录两千两百多位诗人，搜罗了四万八千九百多首诗。这个数字，真是前朝与后代都无法企及的。因此，诗，就成了唐朝的代表，也成就了唐朝的文化辉煌。

在很多不同的时代，写诗最大的功能是抒发情感，寄托幽怀。就是到了现代，不少幼儿和青少年，也都能写上两句颇有诗意的句子。把自己难以对人倾诉的心事，或是浪漫情怀，借由诗句表达出来。

然而，在唐代，诗写得好，竟然可以在科举中金榜题名，还能在朝廷得到官位与俸禄，可以说是功名利禄的敲门砖，既能抒发情怀，又可踏上知识分子梦寐以求的官宦之途,诗人何乐而不为?怪不得唐诗如此蓬勃迅速地发展起来了。

现代学生在考试时免不了写作测验,题目上必然注明着,不可写诗。不管诗写得多好,在考试时一点也派不上用场,而唐代人却在考科举时写过不少好诗。

中唐有位诗人钱起,是有名的才子,"大历十才子"之一,他就是在应试时作了一首诗,得到主考官的激赏,因而金榜题名。那首诗也就成为应试诗的代表作了。

"大历十才子"

指的是唐代宗大历年间,互相唱和的十位诗人。他们是钱起、韩翃、耿湋、卢纶、司空曙、苗发、吉中孚、李端、崔峒、夏侯审。他们重视的是诗的形式美,在内容上为人所称道的并不多见。钱起的年纪比较大,还曾经与王维、裴迪等人唱和过。卢纶写过边塞诗,"月黑雁飞高,单于夜遁逃"是他的名句。韩翃作过《寒食》诗,"春城无处不飞花"闻名天下。与他同时还有一位诗人也叫韩翃,皇帝要提拔他时怕弄错了,还特别指名,要找的是写"春城无处不飞花"的那个韩翃。

唐玄宗天宝十年(公元751年),钱起应考,省试的诗题是"湘灵鼓瑟",这是出自屈原《楚辞·远游》篇中的两句"使湘灵鼓瑟兮,令海若舞冯夷"。这是个古代的美丽而忧伤的神话故事。

据说很久很久以前,尧帝把两个女儿嫁给了舜。舜是个受百姓爱戴的帝王,为了了解百姓的生活状况,常四处巡行,不幸南巡时在苍梧死去了。两位妃子日夜思念,悲痛不已,不久也于湘水之滨去世。

她们的魂魄化为湘水之神,常在月夜里鼓瑟弹琴。音乐凄恻哀伤,令经过南方楚地的旅客,悲不自胜。连海若、冯夷这些神祇听见乐声也忍不住随之起舞。

——钱起

《湘灵鼓瑟》

善鼓云和瑟,尝闻帝子灵。

冯夷空自舞,楚客不堪听。

苦调凄金石,清音入杳冥。

苍梧来怨慕,白芷动芳馨。

流水传湘浦,悲风过洞庭。

曲终人不见,江上数峰青。

湘水女神多么擅长弹琴鼓瑟啊,可以听见尧帝之女想要表达的深情。连水神冯夷也随之舞动,虽然并不能领略其中的意境,而途经楚地的过客更被触动心事,不忍听闻。那悲苦的声调,连坚硬的金石都为之酸楚;那清扬响亮的琴音,穿透了苍穹直至遥不可及的地方。在苍梧死去的舜帝的魂魄也被惊动,勾起了爱慕与思念之情,而江边的香草白芷,在这样的乐音中也鼓动着沁人的芳香。这乐音随着流水,飘散在湘水两岸,形成悲怆的风,吹过八百里洞庭湖。这样动人的音乐,使聆听者渴望见到演奏的人,然而,乐音终止,除了江上几座青碧的山峰,一个人也看不见啊。

这题目很难写，是因为对音乐的描写一向不容易。读过这个神话故事的人都知道，湘水女神鼓瑟，必然是悲伤的乐曲，但是如何用文字将那样的感觉描写出来呢？这考验着诗人的本领，必须具备极丰富的想象力。钱起用各种不同的方式将抽象的音乐具体写出来：它是凄楚的，就算是坚如金石也会被打动；它是有力量的，能够穿透天地；它是有气味的，我们嗅闻到新鲜的馨香；它是无远弗届的，连宽阔的洞庭湖也能跨越。

这就是修辞学里的夸张的手法，一定要比现实夸张许多，令人惊奇。同时，读诗的人被说服，相信这音乐确实有着巨大神奇的力量。

最著名也最令人难忘的是结尾两句，缥缈虚幻的景象，一江流水，几座山峰，景色优美如梦，刚刚的一场音乐飨宴，也恍然若梦。湘水女神是虚幻的，鼓瑟之音却描写得如此真实，真是好有本领。怪不得当时的主考官给了他很高的名次，并且说，结尾两句诗"如有神助"呢！

从落第到及第之间

许多诗人或许都羡慕钱起的幸运，能以一首命题诗金榜题名。大部分的诗人得忍受失败的挫折和打击，所幸，为了施展自己的抱负，诗人们是不会轻易放弃的。他们在"落第"的失败中，再接再厉，等待着"及第"的成功。

"十年寒窗无人问，一举成名天下知。"金榜题名的那一天，才能扬眉吐气，才能衣食无缺，才能光耀门楣。

成功几乎都是从失败中来的，就连钱起也曾在落第时写下了"不醉百花酒，伤心千里归"的凄凉诗句。

以《游子吟》这首诗流传后世的中唐诗人孟郊，被称为"苦吟诗人"，他对作诗很狂热，只是灵感有些欠缺，为了吟一首诗，往往陷入艰苦的奋斗。而他的科举之路，同样充满坎坷。他出身贫寒，虽刻苦用功，可在寻求功名的道路上，却只能品尝着一次又一次失败的苦果。

他在《落第》诗中这样写着："弃置复弃置，情如刀剑伤。"虽然这样努力，自己的才华却像是无用的废物那样，被丢弃了，丢弃了一次又一次。心中的情感，仿佛被锐利的刀剑所伤，疼痛不堪。很少见到一句诗中五个字都用"去"声，去声字读来会有低落沉郁之感。作诗总要花费许多时间、心血的孟郊，连续使用五个去声字，绝不会是偶然，而是将他心中的沮丧，化为音韵，强烈地表现出来。这样讲究的诗人，怪不得写诗这么辛苦了。

不幸的是，之后孟郊再一次应考落榜，于是写下了《再下第》诗："两度长安陌，空将泪见花。"他已经来长安赴考两次了，发榜之时，得到的只有失败与挫折。望着开满鲜花的长安城，他知道自己再没有容身之地，于是，忍不住流下伤痛的眼泪。

唐代的科举是在秋天举行的，发榜则要等到第二年的春天。这些前来应考的读书人多半都会留在长安，等待着"几家欢乐几家愁"的结果揭晓。这真是一段好难挨的日子，却值得一试再试。孟郊四十六岁那年，再度来到长安城，进了考场，命运之神这一次给了他一个微笑，终于及第了。人生中这么重要的时刻，怎么可以不写诗？《登科后》记录了孟郊的得意狂喜，也预兆了他的成功只是一个瞬间的幻影。

——孟郊——

《登科后》

昔日龌龊不足夸，

今朝放荡思无涯。

春风得意马蹄疾，

一日看尽长安花。

 过往在科举考试中受到的挫败,那些灰头土脸的日子不必再提了。今日终于金榜题名,让人感到毫无拘束的畅快。放任马儿狂飙,在温暖的春风中驰骋着,短短一天,就要把长安城里所有的花看尽。

如今我们用"春风得意"来形容一个人做人做事都很顺利,这成语就是来自这首诗。"走马看花"则是形容时间短促,无法确实了解。走马就是跑马,骑马奔驰,怎么可能将花儿的模样看得真切呢?这词语也是出自这首诗。

四十六岁的孟郊考上科举,却一直等到五十岁才得到一个小小的官职,既无法"放荡",也没有"无涯"。

寒山寺,夜半钟

唐代诗人在落第后写的诗数量不少,其中有一位,他的诗名不高,诗作也不多,却因为一首诗,而能扬名后世,那就是《枫桥夜泊》的作者张继。

张继流传后世的诗有四十几首，我们熟知的只有《枫桥夜泊》这首七言绝句。那一年，张继去长安赶考，满怀希望地从秋天等到春天，这希望竟然落空了。于是，他取道苏州回故乡，那是个前途茫茫的夜晚，住在小船上的诗人辗转难眠，听着寺院的钟声，写下一首诗。

这首诗成就了一个诗人，那就是张继；这首诗打造了一座名寺，那就是寒山寺。

寒山寺原本只是苏州城外的一座小寺庙，据说是梁武帝时兴建的，叫作"妙利普明塔院"，并不起眼。唐太宗时两位年轻僧人寒山、拾得来此修行，拾得后来去了日本宣扬佛法，寒山成为此寺的住持，又因为他能作诗，名气很大，人们就将这座寺院称为"寒山寺"。读过张继这首诗的人，都对于半夜在船上聆听钟声有了无限美好的向往，也对寒山寺充满情感。因此，千年以来，寺院虽然遭遇过好几次毁坏，却总能重建起来，屹立不倒。

张继

《枫桥夜泊》

月落乌啼霜满天，

江枫渔火对愁眠。

姑苏城外寒山寺，

夜半钟声到客船。

月儿消失,乌鸦啼叫,弥天盖地的秋霜寒气,江边的枫树与渔船上的点点火光,映出了我这双忧愁难眠的眼睛。姑苏城外那座寒山寺的僧人也没睡去,他们敲击的钟声,回荡着,传到我这游子的船中。

《枫桥夜泊》的前两句共有十四个字,包含了六种意象:"月落""乌啼""霜满天""江枫""渔火""对愁眠"。"月落"是时间,"乌啼"是听觉,"霜满天"是寒冷的体感,"江枫"表明了季节是秋天,"渔火"标示出地点是苏州,"对愁眠"指的是满怀愁绪的诗人。在这样的景色中有个失眠的人啊!

密集地铺陈了六种意象之后,三、四两句,诗人只写一座寺庙与一种声音,这就是写作时"疏密相间"的技巧。

太繁复的意象,会让读者感觉疲累,就算是再美丽的描写,也无法停留在记忆中。就像听见一段绵密的、抒情的乐章,听众的情绪被看不见的丝线提起来摇荡着,有些难以负荷。这时候,需要的是一个短短的休止符。因此,繁复的意象之后,应该有朴素的白描。

每次重读《枫桥夜泊》,总会想起那个失眠之夜。这对当时的诗人来说,是多么困顿的一个时期,他对未来没有把握,对金榜题名的人艳羡不已。他只会写诗,也只能写诗,却并不知道,他的这首诗的名气远远超越了那一年的状元、那一年的宰相,没有人知道他们是谁,但读过《枫桥夜泊》的人都记住了张继,这首诗带着他突围了,从小小的客船上,到文学史的长河中。

【创作模式启动】

模式一　《枫桥夜泊》抒情法

《枫桥夜泊》有很好用的句子："月落乌啼霜满天，江枫渔火对愁眠。"这两句的六个意象，可以用来描写季节，描写寂寞，或是描写一个人失意的时候主观的情感。

借用古人的佳句，让抒情文不那么平淡，但要记得适可而止，否则就成了卖弄学问了。

模式二　《枫桥夜泊》记叙法

记叙文最常出现的状况就是"流水账"，将一件一件事按部就班地写下去，不知剪裁，整篇文章显得平淡无奇，没有吸引力。《枫桥夜泊》中，"人、事、时、地、物"俱全，可以算是一篇微型游记吧。从眼前最精彩的景色写起，就可以避免记叙文的单调感了。

模式三　《枫桥夜泊》论说法

《枫桥夜泊》虽然是感性的诗，但明了了诗人的创作背景，就知道这是他在落榜的情况下完成的，因此，只要是与人生的价值观相关的题材，都能把这个典故灵活运用在议论文中，像是"获得与失去""成功与失败"，等等。如此一来，议论文充满了对于人情世故的理解和情感，既不会过于乏味，也增添了说服力。

座右铭

十年寒窗无人问，一举成名天下知。

成功，都得经过长时间的努力。

主题二 神童诗人资优班

初唐诗,开启辉煌三百年

当我们吟诵唐诗时,是否了解,在中国文学史上,诗歌的起源甚早。从《诗经》《楚辞》到汉朝的乐府诗及其他古诗,还有魏晋南北朝的许多诗篇,都拥有着极高的艺术成就,对后代影响非常深远。

唐代,出现了大批优秀的诗人及作品,真可谓诗的全盛期。唐诗,更成为独特的时代标记,是中国文字最精粹、最成熟的表现。它超过史上任何一个朝代的诗歌,为文学史带来了灿烂辉煌的一页。

明朝高棅是一位选诗家,在他编选的诗歌集《唐诗品汇》里,将历时约三百年的唐代,分为初、盛、中、晚四个阶段。各阶段的发展不同,一般来说,这四个时期的诗作皆与政治、经济、社会风气有关,变化过程也相当明显。

时　　期	代　表　诗　人
初　　唐	王绩、"初唐四杰"、杜审言、沈佺期、宋之问、陈子昂、贺知章
盛　　唐	李白、杜甫、王维、孟浩然、高适、岑参、王昌龄、崔颢、王之涣
中　　唐	元稹、白居易、刘禹锡、韩愈、柳宗元、孟郊、贾岛、李贺
晚　　唐	李商隐、杜牧、韦庄、陆龟蒙、皮日休

唐以前的诗，还没有固定的格律，直到初唐沈佺期、宋之问和杜审言等人，才正式将诗的格律定型。这种"近体诗"有别于唐代之前的古诗，开始蓬勃发展，蔚为风尚，于是创造出独特又壮丽的诗的王朝。

从高祖李渊建立唐朝起，到玄宗开元初年，约一百年的时间称为初唐。前五十年，大体来说，生活与文化仍弥漫着隋朝的风气。当时许多文学家、政治家或者文学侍从之臣，都是由南北朝时期的陈或隋朝入唐的，他们的创作题材多为歌颂、宴饮、游赏、咏物等。南朝梁、陈时华丽浮靡的气息，此时依然笼罩着文坛。

但是，不在乎富贵功名的王绩是个特例，他的作品呈现出朴实自然的风格，与众不同，虽不能发挥太大的影响，却令人耳目一新。直到出现了"以文章齐名天下"的"初唐四杰"——王勃、杨炯、卢照邻、骆宾王，倡导革新，再加上沈佺期、宋之问、陈子昂等人挺身而出，不断努力，初唐诗风才渐渐摆脱了前朝浮靡的阴影。

这些诗人用不同的思维与情感，蘸着新鲜的墨汁写作。他们扩大了诗歌的题材、视野和意象，关注的重点从宫廷转移到乡村和市井，从楼阁转向了山野与边塞，在新的风气及格律中勠力创作，大量注入奋发、进取的元素，使得之后的诗歌都反映出清新刚健、积极昂扬的初唐精神，为流传千古的"唐诗"打下根基，开启了灿烂的扉页。

酒五斗，长歌怀采薇

初唐前期，诗人王绩（约589—644）独排颓靡华艳的诗风，坚持自有风格，这在当时是相当不容易的事。王绩，字无功，虽是隋炀帝时经学大儒王通的弟弟，也在隋朝被推举为官，但他生性爱诗、酒与琴，不管公务，于是被弹劾后解官去职。

隋亡后，唐高祖征集隋朝旧臣，王绩再次被请去当官。朝廷还每天提供一斗酒给他，当时人称"斗酒学士"。但大约9年，他又因病回乡，从此与兄长王通归隐于东皋，遂号东皋子。他退隐，主要是觉得自己的才华无法施展，有些心灰意冷，"四十五十，而无闻焉"，活到了四五十岁依然默默无闻，不如挂冠求去。于是"以酒德游于乡里"，更写了《五斗先生传》，"常一饮五斗，因以为号焉"。

显而易见，王绩有意追随晋朝独来独往的"五柳先生"陶渊明。他不仅爱喝酒，诗作也多描写田园山水，与陶渊明一样，都十分质朴自然、意境清高。走自己的路的王绩，虽不免寂寞，但对后来唐诗健康的发展，却有着相当大的影响。

从他的作品《野望》中，我们可以看见诗人的背影与他的寂寞。

王绩

《野望》

东皋薄暮望，徙倚欲何依。

树树皆秋色，山山唯落晖。

牧人驱犊返，猎马带禽归。

相顾无相识，长歌怀采薇。

我在秋天的傍晚遥望山野,心里感到彷徨无依,空荡荡的。向四周望去,层层树林染上深浅不一的金黄色,起伏的山峦也映着夕阳的橘红色余晖,呈现出秋日美景。此时放牧者驱赶着牛群回家,猎人骑着马也带着猎物满载而归了。大家彼此看望着,却不相识,于是我放怀歌唱,不禁怀想起古代采薇而食的隐士啊!

《野望》首先写的是山野秋景,也带出了他在现实里彷徨无依的心情。而从"树树皆秋色,山山唯落晖"中,我们看到光,看到影,还有层次、色彩,仅用十个字就把秋野夕景放到读者眼前来,难怪能成为描写秋天的名句。远景写完接着便是近景,归家的牧猎人物与动物跃然纸上,这个由静态转动态的技巧,使得全诗有更鲜活的画面感了,如同一幅祥和宁谧的山家秋晚图。在这样的环境中,却没有诗人认识的人,孤独之感油然而生。但诗人有自己的世界,他运用了"采薇"的典故说明自身的情怀。

"采薇"是殷商末年伯夷与叔齐的故事,他们不愿吃灭掉自己国家的周朝的食物,于是隐居首阳山,采食野菜果腹,临终作《采薇》以明志,所以后来"采薇"又被用来比喻为隐居山林。从这里,我们可以看出王绩是通过怀想古代隐士,述说自己隐于山野间的心灵寄托,平淡、寂寞,却十分满足。

也许现代人并不觉得这首诗有何特别,只不过有田园诗风而已。可是如果从六朝诗歌一路读下来,置身于华靡艳丽的氛围许久之后,忽然读到《野望》这种不施脂粉的朴素,就会明显感受到它的魅力了。

此外，前文提到直至初唐时期沈佺期、宋之问等人才正式使诗的格律定型，然而，《野望》的体裁正是五言律诗，其作者王绩却早于沈、宋有六十余年。能写出这样成熟的律诗，王绩真是个诗的先知者。

四杰的排名与本领

王绩之后，"初唐四杰"带来了盎然生气，可说是初唐诗歌革新与发展的代表。《旧唐书·杨炯传》中记载了"以文诗齐名，海内称为王、杨、卢、骆，亦号为四杰"。

四杰主张应该学习汉魏诗歌的遒健有力，反对沿袭六朝的华靡艳丽，除了在诗文的内容、风格上勇于改革，努力摆脱陈、隋风气，还积极开拓新的思想和题材，探索诗的格律与形式，并将五言律诗发展得相当成熟。他们的活动时期差不多，都在唐高宗、武后之时，因此常被相提并论。

"四杰"的排序有很多种，但以"王杨卢骆"为主，可能是因为王勃被认为是四人中成就最高的。对于这样的排序，杨炯颇不以为然，曾表示自己"愧在卢前，耻居王后"。他很客气地认为卢照邻比自己有才华，却又很得意地觉得自己的才华胜过王勃，不该屈居其后。

恃才傲物的杨炯，十一岁就被称为神童，二十几岁应制及第，算是少年得志。但官途几经变化，他被调任盈川县令时，以执法严酷著称，最终死于任所，因此又被称作"杨盈川"。杨炯善于写边塞诗，诗风充满战斗精神，气势至为豪放。例如他在《战城南》这首诗中，描写战场上见到的景象："幡旗如鸟翼，甲胄似鱼鳞。冻水寒伤马，悲风愁杀人。"就是运用了视觉上的联想、丰富的感触，将战场上的肃杀之气生动传达。这四句诗两两对仗，对得整齐自然，也遵从了律诗的规则。

杨炯还有一首为人称道的绝句《夜送赵纵》，则是运用了"完璧归赵"的典故。

杨炯

《夜送赵纵》

赵氏连城璧，

由来天下传。

送君还旧府，

明月满前川。

我的朋友就像价值连城的和氏璧一样,是天下人所敬重的。然而因为世事不如意,决定返乡,就像是"完璧归赵"一般。我在渡口相送,你离去之后,明月的光芒照亮了整条河川,宛如我依依不舍的情意。

这位人品与才华皆很出众的朋友赵纵,名满天下,就像和氏璧一样是天下之宝,却因为仕途不如意而返乡。送别之时,杨炯一方面感到惋惜,另一方面由衷仰慕。朋友远去,杨炯不写离情,而写眼前所见,用一种如梦似幻的情境作结。朋友宛如明月的光华,照亮了一整条河川,而诗人犹在川前伫立着,是这样的深情。

玄宗时文学造诣极高的宰相张说就讲过:"杨盈川文思如悬河注水,酌之不竭,既优于卢,亦不减王也。"张说相当推崇他的成就,给予颇高评价,真可说是杨炯的知音。

卢照邻是四杰中年纪最大的,自幼聪颖,很年轻就获得了赏识和提拔,只是升迁并不如想象中顺利,颇不得意。接着,他又因身染恶疾,连名医孙思邈悉心医治都无法治愈,这才不得不退职。

孙思邈

孙思邈是中国古代著名的医药学家,也是个道士。他是个神童,小时体弱多病,为了替他医病,家人倾家荡产,因此他立志学医济世。他著作的医书深奥精妙,影响深远,被称为"药王"。他认为行医最注重两件事:一是医术精良,二是品格高尚。孙思邈颇受时人尊崇,卢照邻也拜他为师。

归乡后,他买了田地养老,似乎有过一段还算惬意的时光。在平静安适的生活中,他写下《春晚山庄率题》二首,用活泼的语调描述大自然带给他的喜悦。

卢照邻

《春晚山庄率题》二首其二

田家无四邻,独坐一园春。

莺啼非选树,鱼戏不惊纶。

山水弹琴尽,风花酌酒频。

年华已可乐,高兴复留人。

我居住的田园并没有邻居,很多时候只是独自一人坐在小园中,感受着春日的莅临。黄莺鸟不管在哪棵树上鸣叫都那么好听,鱼儿不用担心垂钓客的到来,欢快地在水中嬉戏。在山水中,我把曲子都弹尽了,于是在暖风吹拂与繁花围绕下,一杯接一杯地喝许多酒。这样的岁月是多么快乐,让人忍不住兴致高昂地留恋啊。

卢照邻的这两首《春晚山庄率题》诗中，第一首有"游丝横惹树，戏蝶乱依丛。竹懒偏宜水，花狂不待风"的诗句，蜘蛛丝"招惹"树木，彩蝶"依恋"着花丛，水边竹子的姿态是"慵懒"的，花儿不待风吹便开得"癫狂"，真是拟人手法的最佳范例。

而第二首又写出独居乡间的生活，依然充满趣味。诗人听着悦耳的莺啼，看着悠游的鱼儿，聆赏琴声，饮用美酒，享受年华岁月已是快乐的事。这样的环境与兴致，更是让人留恋不已。而当我们都沉浸在诗人"高兴复留人"的兴高采烈中，却不料诗人终不敌病痛折磨，投颍水自尽了。

卢照邻擅长歌行体，笔法纵横奔放，意境清拔，代表作为长达六十八句的七言长体诗《长安古意》，揭露了唐代国都上层社会的现实面貌，具有批判精神，被誉为划时代力作。其中"得成比目何辞死，愿作鸳鸯不羡仙"更为千古名句。如果能与我所爱的人成为比目鱼一般的伴侣，那么，我情愿像禽鸟鸳鸯，成双成对，也不羡慕天上的神仙，他们虽然长生不死，却没有亲爱的伴侣，多么孤独。直到现代，人们仍用这样的诗句来歌颂浪漫的爱情。

众蝉鸣叫最高音

四杰中的骆宾王，出身寒门，当过主簿等小官，曾被诬陷而入狱，之后出任临海县丞，所以又被后人称作"骆临海"。

一直抑郁不得志的他，在武则天称帝后，加入徐敬业阵营，起兵讨伐她。起兵时该有一篇笔力如刀的文章，数落武则天的种种恶行与罪孽，才能师出有名。骆宾王起草了著名的《为徐敬业讨武曌（zhào）檄》，虽然是极尽诋毁辱骂之能事，却铿锵有力，掷地有声，连武则天看了都非常赞赏，还感叹他不能为己所用。

之后，徐敬业兵败，骆宾王不知去向。大家对他的生死多有推测，有说他被杀了，也有说他投江而死或遁世隐居的，还有人说他是到灵隐寺削发出家了，种种说法都充满了传奇色彩。

骆宾王

《咏鹅》

鹅，鹅，鹅，

曲项向天歌。

白毛浮绿水，

红掌拨清波。

鹅，鹅，鹅，拉长弯弯的脖子，不断朝天叫喊着，歌唱着。看那雪白的羽毛浮在绿水上，红红的脚掌却在水下不停划动着水波。

骆宾王小时候也是个神童，七岁就写了《咏鹅》一诗，至今都是小朋友能够朗朗上口的。当时小小年纪的他，觉得鹅的叫声很有趣，仿佛是在叫唤着自己。白毛、绿水与红色的脚掌，色彩的配衬也很鲜明，于是只用简单的几个字，描绘出鹅的叫声、体态和游水的特色，呈现了最纯朴的情感，以他当时的情感，确实令人惊叹。这个神童的称号，果然不是浪得虚名。

骆宾王的诗，题材较为广泛，他才华高，却居于卑职，所以抑郁、激愤之情常见于纸上。骆宾王擅长七言歌行，五言律诗也甚为精练，笔力雄健，意境深远，名作《帝京篇》为初唐少有的长篇诗歌。而《在狱咏蝉》，是任侍御史时被诬陷下狱时所作，将悲愤无奈之情寄托于咏物之中。

——骆宾王——

《在狱咏蝉》

西陆蝉声唱，南冠客思深。

不堪玄鬓影，来对白头吟。

露重飞难进，风多响易沉。

无人信高洁，谁为表予心？

译文

秋天的寒蝉不停在树上鸣叫，蝉声使我怀念家乡的情绪格外深厚了。我怎堪忍受正当盛年好时光，却得在此独自吟诵《白头吟》这般哀怨的诗啊！世态多么炎凉，就像露水很重，打湿了蝉的翅膀，使它飞不动；而风很大，叫声易沉，也难被听见。没人知道我像秋蝉般的高尚廉洁，有谁能明白我的遭遇，替我表白心情呢？

  古人将蝉视为高洁的象征，因为蝉总是栖息在较高的树梢，饮着清洁的露水，仿佛与世无争，因此古来咏蝉的诗人、诗作实在不少，而骆宾王这首《在狱咏蝉》，则是最为人所熟知的。

  全诗多对仗，其中西陆指的是秋天，南冠是楚国的帽子，意指囚徒；玄鬓则是蝉的黑色翅膀，用来比喻自己正当盛年，哪堪在此忍受含冤莫辩的苦楚，还要吟诵着《白头吟》，感受着即将白头的忧虑。接着感叹世态，以蝉的遭遇来比拟自己的处境，遭受诬陷，难以申冤，只能以蝉的高洁来力证清白品行。最后使用了反问手法，有谁能懂我的忠良之情呢？

  从这首诗中，我们看见了诗人的风骨，以物喻情，情长而有力，难怪能成为初唐律诗中的名篇。就像是众蝉喧哗，却凌驾于一切的拔高之音，千古不绝。

水仙王的孤单飞行

一般认为,"初唐四杰"中艺术成就最高的就属王勃了。

王勃出身书香世家,乃诗人王绩的侄孙,而隋炀帝时的经学大儒王通便是他的祖父。他从小聪慧好学,能诗能赋,时人公认为天才,而受右相推荐应考为官时,只有十四岁,不过是现在初中生的年纪。

《旧唐书》说他六岁就能写文章,"构思无滞,词情英迈"。和他争排名的杨炯在《王勃集序》上也赞他九岁就读颜师古所注解的《汉书》,并且能指出书中错误,写了《指瑕》十卷;而十岁时在一个月内通读了"六经",没有一点障碍,简直是"悬然天得"。

六经

春秋时代孔子在讲授学问时,所编选的六种教科书。分别是《诗》《书》《礼》《易》《乐》《春秋》。他的弟子不断地强化这六部经典,到了汉代则被称为"六艺",是儒家必读的六部古籍。

综合起来,我们发现"初唐四杰"还有一项共同点:个个都是神童。

尽管出身世家，王勃的家道并未昌隆繁盛，他极年轻就踏上了仕途，却从未居高位。整体来说，他经常得罪人，两次因事受惩而被罢官，其实都与才高遭嫉脱不了干系。尤其第二次的打击几乎丢掉性命，不仅宣告仕途终结，还连累父亲被贬谪到遥远的南荒之地——交趾去当县令。之后，王勃千里迢迢去交趾探望父亲，渡海时不幸溺水而死，结束了二十七岁的年轻生命，令人感到惋惜。至今，仍有许多从事渔业或航海的人供奉王勃，并尊称他为"水仙王"。

王勃诗文俱佳，为四杰之首。他在文学上崇尚实用并秉持"以立言见志"的论点，具有改革、开创的理想，确实对初唐文风的转变起了很大作用。他的诗多抒发个人情志，也抨击时弊，明代著述丰硕的文学家胡应麟，甚至认为王勃的五言律诗是"唐人开山祖师"，给予相当肯定。其中，著名的《送杜少府之任蜀州》，即是诗歌史上一大杰作。

王勃

《送杜少府之任蜀州》

城阙辅三秦，风烟望五津。

与君离别意，同是宦游人。

海内存知己，天涯若比邻。

无为在歧路，儿女共沾巾。

站在关中秦地护卫着的长安城上，四周是壮阔的山河；风烟迷茫中，遥望你将赴任的蜀州。我和你同是在外地做官的游子，离开了家乡，现在还要面对你的离去，真是充满了惜别之意啊！但其实，四海之内能拥有你这样的知心朋友，即使远隔天涯，都能感觉如同比邻而居一般。既然如此，那么在分别的路口，我们就不要像小儿女一样，把手巾都哭湿了。

这首诗是王勃在长安任官时，为送别一位姓杜的朋友赴蜀州任少府一职而写的。首先他用了一组对仗的句子，点出送别的地点，也将历史悠久的壮阔山河呈现出来。正因山河壮阔，风烟迷茫，在这种地方分别，更加令人不舍。接下来他传达了与好友的离别之意，然而就在情绪高涨时，忽然笔锋一转，说朋友之间只要相知相惜，就算各奔天涯，也如在近旁，情谊不会轻易被阻断。

这样的送别名篇，表达了真挚的友情，却不沉溺在离别的悲伤、惆怅里，反而豁达开朗，让整首诗充满乐观进取、青春蓬勃的味道。尤其"海内存知己，天涯若比邻"两句，更是千古传颂，即使在一千四百多年后的现今生活中，仍常被引用，如此清新质朴，带着奔放朝气的诗风，实具开创性与启发性。

王勃还有一段为人所称道的事迹，也是他最著名的作品《滕王阁序》的由来。

滕王阁是唐高祖李渊之子滕王李元婴，在任洪州都督时所建的。王勃二十六岁时，探亲路过，正好碰到洪州都督阎伯屿重修滕王阁竣工，并于阁上大宴宾客，顺便饯别新任的新州刺史，王勃也躬逢其盛。

席上阎公假装邀请宾客为滕王阁写序文，其实是想让女婿孟学士大展身手，好好出个风头，不料王勃竟大方地提笔就作。阎公因此愤而离席，去了别室。当他听见"豫章故郡，洪都新府"还觉得"亦是老生常谈"；听到接下来的"台隍枕夷夏之交，宾主尽东南之美"，阎都督开始沉吟不语了；直到"落霞与孤鹜齐飞，秋水共长天一色"出现时，当下惊呼："此真天才，当垂不朽矣！"阎公于是立刻回到席间，站在王勃身旁，欢喜地看他写完长长一篇《滕王阁序》，又接着看他创作《滕王阁诗》。

《滕王阁诗》

王勃

滕王高阁临江渚，佩玉鸣鸾罢歌舞。

画栋朝飞南浦云，珠帘暮卷西山雨。

闲云潭影日悠悠，物换星移几度秋。

阁中帝子今何在？槛外长江空自流。

高高的滕王阁仍然依山傍水矗立着,但当年身挂佩玉,驾着鸾铃马车的滕王和皇亲国戚们的豪华歌舞早已远去了。早上,南浦的云霞飞进这雕梁画栋中;黄昏,西山的细雨卷入了珠玉帘子里。安闲的云影映在清澈的潭水中,显得长日悠悠;而万物变换不断,不知已过了几个春秋。那高阁中的滕王,如今在什么地方?只有栏杆外的长江,空自奔流。

《滕王阁序》原题为《秋日登洪府滕王阁饯别序》,是王勃在宴会上即席所赋的骈文,表现了他敏捷绝美的文思,只见满座惊叹,连原本盛怒的主人都折服了,甚至赞他为罕世奇才。这篇序文紧扣题旨,精心勾画,运用了灵活多变的手法来描写山水景色,境界奇大,情志深远。文中的"时运不齐,命途多舛""老当益壮,宁移白首之心?穷且益坚,不坠青云之志""渔舟唱晚""落霞与孤鹜齐飞,秋水共长天一色"等,千百年来仍为人们所吟咏。

特别是"落霞与孤鹜齐飞,秋水共长天一色"已成为难以取代的写景名句。那画面是落霞从天而下,孤鹜则由下而上,看起来就像一齐飞行的样子;而碧绿秋水连接着青天,蔚蓝长空映照着碧水,天水合为了一色。意境真是佳妙,且含壮志高才欲与时并进的愿景,余韵无穷。奇才得以不朽,由此便能看出了。

《滕王阁序》之后其实有《滕王阁诗》,但《滕王阁诗》往往被埋没在那著名序文的光华里。然而,这首诗仍属上乘之作,一点都不输《滕王阁序》。他开门见山说了滕王阁地形之好,但当年建阁的滕王早已死去，繁华岁月不复返了。三、四句写滕王阁的美丽，却显出了凄清冷落。接着用空间和时间的转换，点出经年累月的"物换星移"，感慨滕王虽建造了这座富丽画楼，但如今安在？"空"正说明世间盛衰的无定数，所以什么是永恒的呢？只有长江依旧奔流。

这首诗展现了高远的情怀、辽阔的眼界，亦有着对应、音韵及凝练之美，读来铿锵有力，气象万千，充盈着无限的美感。

"初唐四杰"的创作，使律诗大致已臻成熟，在内容和境界上，可说摆脱了六朝浮靡之气，确实为唐诗的繁荣发展起了承前启后的作用。

砸名琴而营销诗

初唐在"四杰"之后，沈佺期和宋之问继承了近体诗雏形，接续努力，奠定了五言、七言律诗的格律，正式和唐以前的古体诗脱离关系。与沈、宋同时期的，还有李峤、崔融、苏味道及杜审言，号称"文章四友"。杜审言是盛唐大诗人杜甫的祖父，精于五律，和沈、宋的风格相近。其中，沈佺期和宋之问齐名，时称"沈宋"。然后贺知章、陈子昂等人，也加入了革新的行列。

沈、宋两人颇得武则天赏识，却也都被贬谪至荒远地带。沈佺期的《杂诗》《古意》，宋之问的《题大庾岭北驿》《渡汉江》，都具有完整的格律形式，极受后代评论家所推崇。尤其它们也是气势流畅、情感及语言淬炼的佳作，如宋之问的《渡汉江》，就非常有生活的真实感。

——宋之问——

《渡汉江》

岭外音书绝（断），

经冬复历春。

近乡情更怯，

不敢问来人。

译文：我在岭南许久，与家乡亲友的音书断绝，没有联络了。经过冬天又春天，也有两年了。现在我正要渡过汉水，前往怀念已久的故乡，但怕家人受我连累，心情反而有些慌乱，甚至不敢跟迎面而来的乡亲询问消息。

宋之问两度遭贬，后来因为受不了流放的痛苦而逃亡。他在途中辗转奔波，在渡汉水，想从南阳回到洛阳时，写下了这首《渡汉江》。离乡背井的游子，一般是愈接近家乡愈雀跃。他却跟常人不同，因为逃亡必须隐匿行踪，总是提心吊胆，于是"近乡情怯"，想问又不敢问。那种患得患失的情绪被表达得非常深刻真实。所以虽然他被流放的遭遇多半是咎由自取，并未遭人陷害，但仍能令人涌起深切的同情，可谓感染力十足。

陈子昂出生于富裕家庭，早年不喜欢读书，爱游猎，为人慷慨，任侠仗义，直到成年后才闭门谢客，发奋勤学，博览群书。在学业有成后，他前往长安，却一直得不到名家赏识。有一天，他买下了一把价值百万的古琴，轰动市集，并邀众人到他家中赏玩。人们以为他是个音乐家，也很想听听名琴能演奏出怎样的音乐，于是蜂拥而至，满怀期待。想不到那天，他竟然当众砸了琴，说他其实不懂弹琴，只是个很会写文章的书生。此举果然让他一举成名。真是个懂得营销术的高手，这一回，他营销的是自己。

他二十四岁中进士，深得武则天欣赏，官至右拾遗。可惜陈子昂虽然关心国事，甚至从军出塞，和当地人民一起生活，但他的政治改革意见却常不被采纳，而性格上的直言敢谏，也让他因此屡被降官。

怀才不遇，壮志未酬，加深了他对现实的认知与体悟，于是他辞官回家。之后，他被县令段简以叛乱罪迫害，诬陷入狱，不久忧愤而死，年仅四十二岁。

陈子昂或许无法革新当时的政治，却成为唐诗革新的先驱者。"四杰"之后有沈、宋，但到了陈子昂，才算彻底扭转了华靡的形式主义，内容真实与清新，唐诗走到这里，更有突破性的发展。

　　陈子昂的诗风雄浑清峻，语言质朴苍凉，除批评齐、梁的靡靡之音，还主张学习汉魏风骨，诗文要有真实的思想感情，也要反映现实的社会生活。其代表作《感遇》诗三十八首，便是借古喻今，旨在抨击时弊、抒写情怀；或托物寓情、讽刺现实。他是一个有政治思想和才能的文人，对报效国家满怀热血，《感遇》诗第三十五首就提到自己："本为贵公子，平生实爱才。感时思报国，拔剑起蒿莱。"充满了真挚情感。

　　北京古称幽州，陈子昂随军出征契丹来到幽州，因战情紧急，他进言献略却反被降为军曹，情绪受到严重打击，接连的挫折，使他写下了一首诗。这首诗，便是感人无数，也收录于《唐诗三百首》的《登幽州台歌》。

— 陈子昂 —

《登幽州台歌》

前不见古人，

后不见来者。

念天地之悠悠，

独怆然而涕下。

译文

往前看,不见古代那些礼贤下士的明君;往后看,也不见将来的圣贤与哲人。我登上幽州台远望,怀想这无穷无尽的天地,慨叹自己空有抱负却无法施展,不禁孤独、感伤地流下了眼泪。

诗中表达了对"古人",也就是战国时燕昭王在幽州台礼遇乐毅,燕太子丹礼遇田光等事迹的钦佩与羡慕,而未来的贤主哲人他又无法等到,觉得自己实在生不逢时。于是登高远望,却只见辽阔而苍茫的天地,不禁悲从中来。几乎每个读过这首诗的人都很有感受,人都有不如意的境遇和孤独苦闷的情怀,所以能与它产生共鸣。总而言之,诗短情深,表现了诗人怀才不遇、寂寞失落的感慨。诗的基调慷慨悲凉,语言简洁苍劲,堪称千古绝唱,被公认体现了唐诗的新境界。

整体而言,唐诗的思想性与艺术性完美结合,达到了很高的境界,加以题材和风格多样化,于是唐诗成为一个时代的标记,甚至是不朽的伟大文学。而初唐作为唐诗繁荣的形成期,功劳相当大。我们可以说,有了初唐诗人革新与开创的努力,才有盛唐诗人的灿烂光焰,而唐诗,也才能够永垂千古而不被湮没,至今仍在我们口中传诵。

【创作模式启动】

模式一　《在狱咏蝉》的凤头豹尾

好的文章一定会有个吸引人的开头，如此才能抓住读者的注意力，这样的开头俗称"凤头"；然后是重要的本论，要有丰美、达意的叙述，即"猪肚"；而最后的压轴，更要简洁地强调主旨，让人回味无穷，便是收缩有力的"豹尾"。

此诗亦如此，首联采用了精彩的破题法，铺陈寒蝉鸣叫，再用典故"南冠楚囚"说明自己身在牢狱，马上点明了题意，紧扣诗名的"在狱"及"蝉"，来吸引人听他往下讲，这是"凤头"。接下来四句，叙述了因蝉而兴起的悲苦缘由，并以蝉遭遇重露及大风，来比喻、传达自己受到诬陷、难以申冤的处境，而且用对仗手法展现文字的美感，都符合"猪肚"原则。收尾两句，总结全诗的意旨："我"的忠良，有谁能懂呢？简洁有力，言之有物，此为"豹尾"。

模式二　《登幽州台歌》的空间气魄

此诗前两句写古今时间的绵长，但第三句登楼眺望的"念天地之悠悠"才是关键。因为眼界扩大到辽阔无垠的天地，空间气魄就展现出来了，然后才带出自己的孤单苦闷，对比映照，分外动人。如崔颢的"白云千载空悠悠"也很有力道。所以写文章描述感受时，若能和大自然结合，那么我们所书写的个人情怀，就不会太过狭隘、贫乏了，反而会有从小及大、由内往外扩散的空间气势，以及深广美感，这便是写作的好方法。

> **座右铭**
>
> 海内存知己,天涯若比邻。

人渐渐长大,总是会面临离别。其实,离别是另一个开始,所以不必哭哭啼啼,悲伤难抑,把"海内存知己,天涯若比邻"两句放在心上吧,体会千山万水并不能阻碍深厚情谊,只要多付出关心,互相扶携,便是永远的朋友。

主题三

他是明月的孩子——李白

谜一样的天上谪仙

盛唐时期的李白,不知他可曾想到一千多年后,全世界华人小孩认识的第一首诗几乎都是他的《静夜思》,使他成为知名度最高的中国诗人。

许多人都爱李白,除了他那才华洋溢、浪漫飘逸的诗作外,他的好剑术、行侠仗义,也十分受推崇。他喜读奇书,天资聪颖,连贺知章都赞誉他为"天上谪仙人"。

谪仙,其实说的就是出世的天才。李白在各方面都不受限制,所思所想皆与众不同,他的一些宗族兄弟就常讲:"李白五脏六腑跟我们不一样,是用锦绣做成的。"同代的人看到他的诗都甚觉震惊,别说现今的我们看了,仍有多震惊了。那些斐然又磅礴的诗句,不像"人"类作出来的,倒像是神仙的手笔。但"仙"为什么会到人间?可能在天上犯了错,因罪被贬谪到人间来,因而后人称他为"诗仙"。

李白确实是非常特别的人,他的一生带着许多未解之谜,带着传奇性,所以这人里里外外、彻头彻尾,都是备受瞩目的焦点。

他出生在什么地方？故乡在哪里？算是什么地方的人？直到现在，仍有许多不同说法；他是怎么死的？死在哪里？死时情况如何？更有各式各样的揣测。

李白，字太白，其先祖在隋朝末年，因战乱逃到一个叫"碎叶"的地方，也有传说是因犯罪被放逐，总之就在现今吉尔吉斯共和国托克马克附近。李白诞生于碎叶，大约五岁时，父亲带着整个家族离开，回到了中国。后来全家迁居西蜀（今四川）昌隆县青莲乡，李白在这个地方成长、学习，度过二十年左右的光阴，所以，他认为自己是青莲人士，便自称青莲居士。

李白并不是外国人，他的父亲叫李客，从这个名字中可以猜测这是个客居异乡的人，他的家乡既不在俄罗斯，也不在四川，因为一直迁移着，所以他到底是哪里人呢？至今都是个谜，无法确定。

但我们知道他的父亲极有可能是做生意的，因为他在《上安州裴长史书》中说："曩昔东游维扬，不逾一年，散金三十余万。"他长大离开四川后，到各地去游历，不到一年，就把身上的黄金散尽，散了多少？三十余万！由此证明他的家境相当富裕。

那么，这三十余万金是散到哪儿去了？李白从年少时就爱观奇书，不只看儒家思想的书，还看各式各样奇怪的书，其中老子、庄子的学说对他影响相当大。而且，他喜好寻仙，觉得自己一定会遇到神仙，跟着仙人飘然远逸，所以他求仙访道，憧憬神仙生活。再者，他好剑术，是一个武林中人。我们看到很多地方留下的资料，都指出他极好剑术，是个"剑侠"。

李白能文能武，志气相当豪放，有各方面的才能和兴趣。而一个很有才华的人通常很难被固定在一个模式里，于是他四处云游，去涉猎他喜欢的事物，当然也会遇到许多人，"有落魄公子，悉皆济之"。关于散金这件事，他是接济了很多落魄的贵公子，而且一出手都是很大方的，于是三十余万金不到一年就花光了。

李白还有个未解之谜，就是一般诗人自年少起就会立下志向：考科举，踏入仕途，可是李白从未考过科举，这也是件很神秘的事。有一种比较可信的说法，在唐朝考科举，必须把父亲、祖父、曾祖父三代的履历都明白交代，证明身家清白，才可以应考。因此研究者对李白祖上曾犯罪的揣测，多半深信不疑。总之，李白没有考科举，不能一圆知识分子的官宦之梦，或多或少造成了他狂放的性格。

剑侠就是洒脱重情

——李白

《少年行》

五陵年少金市东，

银鞍白马度春风。

落花踏进游何处，

笑入胡姬酒肆中。

那些五陵有钱人家的贵公子，骑着佩戴银鞍的白马，春风拂面，悠游在长安城最繁华的市场里。那些百花齐放、游人聚集的地方都已踏尽，还要再去哪儿游玩呢？想起长安城中美丽的胡人女子，便笑着走进那些酒家了。

李白流传至今的诗有九百多首，浪漫不羁、豪放旷达的他，写下了《少年行》，形容当时的他就像五陵的贵族少年一样，在市东花了很多钱，他身骑白马，马鞍是银制的，四处游赏，度过了许多春风时光。从白天玩到晚上，他的马蹄踏尽了落花，最后要到哪里去玩呢？"笑入胡姬酒肆中"。这个"笑"，有非常潇洒、多情的感觉，他笑着进了胡姬的酒家。胡姬就是当时来中国的外国女子。唐玄宗执政之初，开元年间大唐极盛，万国来朝，可以说是当时的"世界中心"。很多西域来的女子流居于此，卖酒为生，人们经常到长安繁荣的西市、东市胡姬酒肆里喝酒聊天，包括名士与侠客，而李白也常去那样的店狂欢。此即他的年少生活。

其实杜甫、王维也写过《少年行》，与李白的不同之处在于，王维的组诗呈现出少年们意气相投、从军报国、勇猛杀敌的恢宏豪气；杜甫笔下的少年，则血气方刚、蛮横无理。至于李白诗中的少年，一派的无忧无虑、风流倜傥、率性洒脱，带出了诗仙的浪漫情怀与不羁性格。

这样的浪漫性格，使很多传说变得可信。据说李白曾经因为救人，仗剑杀了一个不义的丈夫，听起来挺有剑侠的气概与精神。此外，因为皇室有胡人的血统，因此充满尚武精神，很重视武功。那时的大唐，可说是最重视"侠"的一个朝代。很多官方无法解决的事情，百姓就期望侠士可以挺身而出。从盛唐到中唐，李白就在这样的氛围下，路见不平，行侠仗义，自然而然便成为众人所希望的剑侠了。

少年李白的侠义情感，也表现在与身边朋友的相处上。

大概从二十岁离蜀之后，有将近二十年的时间，他都在四处游历，其间结识了许多好朋友。其中，有一位叫作吴指南的人跟他感情非常好，是他结伴远游的好友，后来吴指南在游历途中得病死去了，李白极为悲痛，"炎日伏尸"，在夏日炎炎时伏在好友尸体上痛哭。炎夏时尸体很容易发臭，但他陪着，不愿意离开，"气尽，泣之以血"，痛哭到眼睛里流不出泪水，竟流出鲜血来，那是何等悲恸呀！

之后，他将好友埋在洞庭湖边，继续行路，可是心中一直记挂要把朋友带回故乡安葬，所以几年后他又回到了洞庭湖边，开启墓穴，将骨骸背在身上走了好几百里，最终将好友归葬到"日照香炉生紫烟"的故里。这是剑侠对朋友的浓情厚谊。

远游时期，一颗亘古恒星诞生

　　李白的创作，与他人生的几个阶段都有相当的关联。

　　第一个阶段就是远游时期。他浪迹天涯，四海为家，看到了很多景色，认识了很多朋友，也就在这二十年间，完全奠定了他在诗坛与政坛的地位。尤其诗坛上的成就，使他成为一颗耀眼的亘古恒星。

　　漫游期间，结识各种豪放的朋友，便一起喝酒，喝到酩酊大醉；而大醉后，李白就写诗。渐渐地，声名在外，大家都知道他是一个嗜酒的诗人。

　　李白可不只是游山玩水，这段时期，他写了一些著名的写景诗，其中《望庐山瀑布》写了两首，第二首非常有名，可谓他写景诗的代表作。

— 李白 —

《望庐山瀑布》二首其二

日照香炉生紫烟,

遥看瀑布挂前川。

飞流直下三千尺,

疑是银河落九天。

天气晴朗,阳光照在云雾缥缈的香炉峰瀑布上,升起了如梦如幻的紫色雾气,远远望去,有如长长的河流从高天悬挂下来。这飞泻而下的水流,有三千尺那么长,让人以为是银河从天上落下来了呢!

  这首诗旨在描写庐山瀑布的壮丽景色。历史上形容瀑布的诗很多,为什么李白这首会传诵不绝呢?因为"飞流直下三千尺,疑是银河落九天",他形容这瀑布不只是人间的瀑布,还与天上相通,瀑布飞流直下有多长呢?三千尺!其实应该没那么长,但气势尽显。于是他怀疑这水不是水,应是天上的银河流泻而下,才会有这般的慑人气势啊!

李白的诗里最常使用夸张的手法，夸张到大得无限大，长得无限长，时间也是，所以在他笔下，时间飞逝。也因大量的夸张，成就了他的浪漫风格，因为夸张可以造成感官及心理上惊人的震撼，留下令人深刻的印象。

欣赏完写景诗，再来看看李白的"咏人诗"。他爱交朋友，遇见心中仰慕的朋友，就要写首诗送给他，其中有一首十分知名，也是此类诗作的代表作，那就是送给孟浩然的诗。

孟浩然是田园派大诗人，比李白大十二岁，李白一认识他就非常倾慕，相遇相知，便写了一首叫作《赠孟浩然》的诗相赠。一开始，就来个破题法："吾爱孟夫子，风流天下闻。"中国人很少把"爱"这个字挂在嘴上或诗文中，我们诗仙就以这个"爱"字来作直述，然后贯穿全诗。接着，还解释"我"为什么爱你，因为你风流天下闻。你的风流文采，你的风骨，还有你这样独特的生活方式。怎样个独特法呢？从年轻"红颜"时，便心甘情愿丢弃世间的功名富贵；现在年纪大，"白首"了，还是隐居在松林深处，非常自在。

自从汉代末年实施禁酒令，古代酒徒不敢直说，便把清酒叫作"圣人"，浊酒叫作"贤人"，所以"中圣"的意思就是喝醉了。他说夫子你迷恋山里一年四季的美丽花朵，赏花都来不及了，哪有时间侍奉皇上？最后的"高山安可仰，徒此揖清芬"，是说你的道德、品行就像高山一样，"我"站在山下，要怎么仰望你或变成你呢？唯一能做的就是揖敬你芬芳美好的品格，从你身上稍稍得到一点点清香，"我"就觉得心满意足了。狂放的李白难得这么谦虚，可见对孟浩然充满了崇拜和仰慕之情。

从这首诗可联想到另一位诗人——清朝的龚自珍。龚自珍也曾非常仰慕一个人，写下了这样的诗句："万人丛中一握手，使我衣袖三年香。""我"希望在千万人中能够跟你握那么一下手，只要一握住你的手，"我"衣袖余留的香气可以弥漫三年。是不是夸张到了极致？但让人印象深刻吧。这也是情感上非常狂放的人才写得出来的诗。

——李白——

《赠孟浩然》

吾爱孟夫子，风流天下闻。

红颜弃轩冕，白首卧松云。

醉月频中圣，迷花不事君。

高山安可仰，徒此揖清芬。

译文 我深深地敬爱孟夫子，您的风度品格及才华，天下闻名。年轻时，您就舍弃了高官富贵，老来仍高卧山林，与松树白云同睡。明月当空，您往往饮酒沉醉，也被山林繁花所迷而不愿做官。您好似那巍峨的高山，令我只能仰望，只能在此崇慕地揖敬您清高芬芳的风度操守了。

李白自离开四川在外漫游，就再没有回去过了，身在异地，难免思乡。有一个春天的晚上，他到了洛阳，突然涌起思乡之情。

李白

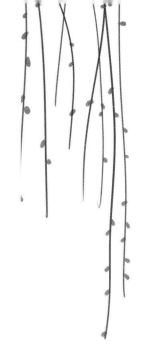

《春夜洛城闻笛》

谁家玉笛暗飞声,

散入春风满洛城。

此夜曲中闻折柳,

何人不起故园情?

阵阵悠扬而隐约的笛声,不知是从谁家传来的,在寂静的夜里,被春风吹散,飘遍了整个洛阳城。我在笛音中听到了哀伤离别的《折杨柳》,谁能不被这乐曲勾起思乡情怀呢?

　　李白的思乡诗中最有名的是《静夜思》,集中在写月亮,但另一首是从另外一个角度来想念故乡,集中写笛子的声音。这首《春夜洛城闻笛》第一句,他先问:谁家在吹玉笛啊?那声音不是很大,是"暗飞声",暗就是若有似无的、幽微隐约的,如果很大声就叫噪声了，无法引起人们悠然神往之情。然后他说一阵温暖的东风吹来，这缥缈如丝的声音便飞遍整个洛阳城，这是听觉上的夸张。而汉代乐府有一首古乐曲叫《折杨柳》，是赠别时的曲子，今晚他就在这笛声中听到了《折杨柳》，试问哪个游子听见这种乐曲不会怀念自己的故乡，想要回家去呢？他用否定的语气来强化思念的肯定。

此即李白想到自己为追求理想，远离家园，因而牵动了情绪。可以说他与吹笛人及笛声产生了共鸣，也紧扣着读此诗者的怀乡心弦，真挚动人。

辉煌的长安，寂寞的酒仙

第二个阶段是长安时期。李白没有功名，但名气可比很多状元要大得太多，四十多岁已名震京师，连皇帝都对他很有兴趣。

唐玄宗将他召到长安来，给了个"供奉翰林"的官。这其实不算一个正职要官，只是皇帝在宴请宾客或跟贵妃休闲时，需要一个御用诗人作几首好诗，附庸风雅一番。于是，李白变成了一个文学侍从之臣，陪伴着雅好诗歌音乐的唐玄宗与杨贵妃赏花、作诗，吟咏着良辰美景，赏心乐事。

这当然不是李白所愿,他也体会到未受重用,大志无法实现了,所以过得不是很好。酒并没有少喝,主要是心灵上空虚和寂寞。尽管如此,在此他也确实写了不少名诗,包括非常重要的《清平调》三首,帮唐玄宗和杨贵妃的相恋谱上最动听的一章。

李白

《清平调》三首其一

云想衣裳花想容,

春风拂槛露华浓。

若非群玉山头见,

会向瑶台月下逢。

看见了云彩,就想起她轻盈华美的衣裳;看见了花朵,就想到她姣好美丽的面容。在春风吹拂着栏杆,露水浓重的时候,她变得更娇艳了。这般绝俗之美,若不是在群玉仙山看见的话,那就要在瑶台的月光下才能相逢。

李白

《清平调》三首其二

一枝红艳露凝香，

云雨巫山枉断肠。

借问汉宫谁得似，

可怜飞燕倚新妆。

仿若一枝盛开的艳红牡丹，在朝露中散发芬芳，也像那空让楚王相思断肠的巫山云雨女神啊。这般的花容月貌，汉宫中有谁可以比拟呢？只有刚刚梳妆完毕，非常令人怜爱的赵飞燕吧。

李白

《清平调》三首其三

名花倾国两相欢，

长得君王带笑看。

解释春风无限恨，

沉香亭北倚阑干。

名花牡丹和美人相映生辉，常使君王含笑凝看。君王只要和贵妃一起到沉香亭畔倚着栏杆赏牡丹，哪怕有再多烦恼，也会化解得无影无踪。

《清平调》第一首，一开始就先用花和云来形容美丽的女子杨贵妃，说她好像含露待放的花儿一样。"露华浓"三个字用得美，且分量重，以牡丹比贵妃，歌咏她的美艳；然后说这样的美如果不是在群玉山头才能看见，就只能在瑶台的月光下相逢了。群玉山和瑶台，都是仙人仙女住的地方，李白将杨贵妃比拟成仙女下凡。

第二首，他运用典故，拿汉代一个以瘦闻名、舞技非凡的美女赵飞燕来形容杨贵妃，这是第二个层次的修饰。

第三首，他用最贵气华丽，也是唐朝人最爱的牡丹花形容倾国美女杨贵妃，人与花兼咏之，再一语双关地提到"春风"，暗指君王，这下连玄宗都入诗了。

玄宗召来大诗人陪衬自己的爱情，为的就是这种时刻呀！看这组诗的构思多么精巧，用三种不同方式来具体形容杨贵妃的美人玉色，且字字雅妙，意境不凡。玄宗和贵妃当下对李白的才华自然是大为赞赏，他的脸上也增添了骄傲的光芒。

抽刀断水的豪情

在长安的岁月，壮志难酬的李白是失意的，只能写些歌咏富贵与美人的诗，尽管也创作出流传千古的《清平调》，但他得罪了很多人，最严重的应该是高力士和杨贵妃。高力士讨厌李白，因李白有一次喝醉酒，皇帝命他写诗，他就把自己脏兮兮的靴子伸到高力士面前，叫他脱靴。高力士虽是个太监，但和玄宗的情感深笃，在宫中地位很崇高，连太子、公主、驸马都对他谦恭谨敬，但李白一个小官竟然如此嚣张，所以高力士暗暗记恨。

后来，高力士以"可怜飞燕倚新妆"这句诗中用了赵飞燕的典故向杨贵妃进谗，说赵飞燕刚入宫时虽受宠，但汉平帝时被废为庶人，后来自杀，是个祸国殃民的女人，李白分明就是讥讽贵妃与玄宗。据说杨贵妃因此对李白不以为然，常在玄宗面前说他坏话。最后，玄宗便给了他一笔钱，让他离开了京城。

李白个性的不羁,不奉迎权贵,加上常喝醉,也是得罪很多人的原因之一吧。他有一个小他十一岁的好朋友杜甫,在《饮中八仙歌》里讲到李白:"李白一斗诗百篇,长安市上酒家眠。天子呼来不上船,自称臣是酒中仙。"诗中描写了李白在长安的生活,他狂渴欲饮酒,酒喝多了才能写诗,诗写得又多又好,喝醉了就在长安的酒家里睡。皇帝在饮宴作乐的小船上叫他来,他不去,不但不去,还说"我是酒中仙,不是你的臣子"。

瞧这人多么狂放!知交杜甫能感觉到李白的不顺心与落拓,一针见血地点出他的处境:"冠盖满京华,斯人独憔悴。"

概凡诗人在逆境了,诗就写得特别好吧!李白在离开京城之前写下了很有名的诗篇《宣州谢朓楼饯别校书叔云》。谢朓是南齐诗人,带给李白很多启发。谢朓楼是谢朓任宣州太守时所建的,唐末已改名为叠嶂楼;李云则是李白的族叔,曾任秘书省校书郎。

《宣州谢朓楼饯别校书叔云》

— 李白

弃我去者,昨日之日不可留;乱我心者,今日之日多烦忧。长风万里送秋雁,对此可以酣高楼。蓬莱文章建安骨,中间小谢又清发。俱怀逸兴壮思飞,欲上青天览明月。抽刀断水水更流,举杯销愁愁更愁。人生在世不称意,明朝散发弄扁舟。

抛开我离去的往日时光,都留不住了;扰乱我心神的今日,仍有太多烦忧。我只能上到高楼去喝酒,看着万里长风把秋天的雁鸟都送走。您的文章如蓬莱宝藏,有建安风骨;我的诗文,也像谢朓那样清新秀丽。我们都有壮志豪情,想要奋飞,飞到青天上去揽抱明月。唉!欲拔刀断水,水流得更快,想举杯消愁,愁却更深了。其实人生在世真正如意的时候不多,索性明早披发,就划着小船四处漂流吧。

这首诗开头他就说自己其实是不愉快的,"弃我去者,昨日之日不可留",过去的时光都已经离开了,就算"我"想留也留不住了。有人会问,那何必一直留恋着往日呢?珍惜现在吧!但"乱我心者,今日之日多烦忧","我"现在也在混乱的状态中,心中烦恼真不少。他不写离别,不写楼,直接道出心中郁闷。有"送"有"酣",已点出饯别的主题,并开始有些转折的壮阔了。

然后他赞美李云的文章有魏晋南北朝时的"建安"风骨,而谢朓又跟那时的诗人不一样,他自比谢朓的清新秀丽,也表达了对理想的追求。他们都满怀着逸兴,都有一种豪情壮志,想要飞到高高的青天上,将明月揽个满怀。这飘然欲飞的样子,真是酒酣的李白啊!

末四句就非常感慨了,"抽刀断水水更流,举杯销愁愁更愁"。这是描摹忧愁的千古名句。如果想把水断掉,拿刀出来砍是没用的,只是阻隔它一下而已;刀拿开,水流得更快。喝酒也没有用,越喝越愁,越愁越喝,变成恶性循环。最终兴起自我放逐的想法,做官既然不能称心如意,不如去过隐逸的生活吧!

这样的诗,很大程度反映出李白对朝政日趋腐败及自身际遇的强烈苦闷。

但愿长醉不复醒

李白承了帝命离开京城,相当失意,却在此时写下一首雄奇豪放的诗——《将进酒》。这首诗绝对值得背诵与朗读,若能用古汉语发音(闽南语)情味更佳,它是"乐府古题",可诵可唱,指的多半也是饮酒放歌的行为。但诗仙就是不一样,这首《将进酒》实在有气魄,太豪迈、太伟大了!

《将进酒》

李白

君不见，黄河之水天上来，奔流到海不复回。君不见，高堂明镜悲白发，朝如青丝暮成雪。人生得意须尽欢，莫使金樽空对月。天生我材必有用，千金散尽还复来。烹羊宰牛且为乐，会须一饮三百杯。岑夫子，丹丘生，将进酒，杯莫停。与君歌一曲，请君为我倾耳听。钟鼓馔玉不足贵，但愿长醉不复醒。古来圣贤皆寂寞，惟有饮者留其名。陈王昔时宴平乐，斗酒十千恣欢谑。主人何为言少钱，径须沽取对君酌。五花马，千金裘，呼儿将出换美酒，与尔同销万古愁。

你没有看到那黄河的水从天上飞下来,一直奔流到海,永不复返吗?你没有看到在高堂明镜前,为长出的白发而悲伤吗?像是早晨秀发还如青丝般乌黑,到了晚上已满头白发了。人生得意时,要尽情享乐,不要让金杯空对着明月。上天生下我这个人,一定有用处的,即使千两黄金都散尽了,依旧会回到身边来。为了眼前的欢乐,烹羊宰牛来吃个痛快吧!而且要开怀畅饮三百杯!岑夫子、丹丘生,请你们不要放下杯子,尽情地喝吧!我来为大家唱一曲,你们可要仔细听一听。美妙的音乐和美味的食物都不足贵,我只希望长醉下去,永远不再醒来。自古以来的圣贤都孤寂一生,只有饮酒豪客才能留下美名。想当初曹植在平乐寺设宴,可是痛快地饮着一斗值十千钱的昂贵美酒啊!主人啊,不要说钱少,你只需放心、开怀地与我干杯就行。我那名贵的五花良马和千金狐裘,都让孩子们拿去换美酒吧!我们就尽情欢乐,一同消除无尽的万古忧愁吧!

一开始就用"君不见"抓住读者的注意力,"黄河之水天上来,奔流到海不复回",这是"距离"上的极度夸张,从黄河的源头到它入海,中间的距离有多长?如此浩浩荡荡,他两句话就说完了。紧接着"君不见,高堂明镜悲白发,朝如青丝暮成雪",从年轻到年老的漫长岁月,他也压缩成早晨到黄昏,两句道尽,这是"时间"的极度夸张。除了诗仙,没人写得出来。时间是如此不可掌握,所以,他宣扬着及时行乐的"尽欢"主义。

"天生我材必有用,千金散尽还复来"是他人生价值观的一个宣言,也是对自我存在意义的肯定。你得找出自己的"才能"来,"才能"随意花钱,然后还可以再赚。杀牛煮羊,开心大吃一顿吧,在很短的时间内喝上三百杯,这也是夸张的手法。

他和岑夫子到丹丘生的山居做客,两人都是他以前漫游、隐居时候的道友。他说喝酒吧,不要停。喝到兴致来了,要唱歌了,他说:你们好好听"我"唱吧!把最好的乐器、最好的食物都摆上来,"我"的目的是长醉,"我"不要做一个清醒的人。

"古来圣贤皆寂寞,惟有饮者留其名"这两句其实有点悲痛,也有很深的内涵。古代圣贤们,活得快乐吗?他们不被理解、不被尊重,如此寂寞。反观那些酒徒豪客还满受重视的,李白就讲了一个他认识的酒徒里气质最好、才华最优、地位最高的陈王——曹操的儿子曹植。他说当年这有名的酒徒在平乐寺宴请宾客时,昂贵的酒一桶一桶搬,数都数不尽,就是要宾主都喝个痛快。接下来李白请主人把小童叫出来,用他最好的马、最贵的狐裘,去卖了换成美酒。为什么要喝这么多酒呢?就是要跟你们一起消除万古忧愁。

可见他表面上看似快乐地喝酒,强调及时行乐,心中却有很大的寂寞和痛苦,胸怀远大,可抱负却无法施展,又不屑与权贵为伍和流于世俗,只好借酒纾解愁郁。

这首诗的每一句几乎都用到了夸张的手法,能够造成一些新奇的效果,时间的夸张,还有数量、距离的夸张,就造成了惊人的艺术效果,也反映出李白放荡不羁的性格。所以在看这首诗时,会被震撼住。哪怕不知道意思,在阅读时、吟诵时,都会感觉到音韵之美。里面句法多变,有十个字的长句子,也有很短的三个字,相互呼应,节奏感跟音乐性就出来了，就算不唱，也能有唱的感觉。整体气势，着实明快、奔放，使他稳稳坐上豪放浪漫派第一把交椅。

离开长安，转过千重山

最后一个阶段，李白得罪权贵之后，离开长安，开始过着游山访仙、痛饮狂歌的生活。看起来好像挺愉快，实则因为怀才不遇，还是有几分忧愤。除了《将进酒》，他还写了不少名诗。

这时发生了惊天动地，改变唐朝命运的安史之乱。唐玄宗匆忙避难，离开了京城，去到四川。当时他有两个儿子很有势力，一是后来的肃宗李亨，一是第十六子永王李璘。有一段时间，已在庐山隐居的李白，被永王延揽为幕僚。其实唐玄宗比较喜欢永王，永王也得到父亲的旨意带兵打仗；李亨则是臣子们喜欢的，所以后来众臣拥立了李亨为帝，在灵武即位。永王军力越来越强盛，威胁到了肃宗，肃宗便说永王起兵造反，遂将其捉拿、杀死。尔后长安收复，肃宗回到京城，李白因曾当过永王的幕僚，便受到牵连入狱，还被判死刑。我们都知道李白不是这样死去的，其中的转折比小说更具传奇性。

到底是谁救了李白？据说就是克复两京的郭子仪。话说李白当年很得意，散金三十余万的时候，曾经在军营前的刑场救过不小心犯了军法，被绑起来等着处斩的年轻郭子仪，郭子仪从此一直记得李白是他的恩人。

安史之乱中，郭子仪乃平乱大将军，知道李白快被处死了，便以他的战功力保，李白才免于一死，但仍无法阻止肃宗对李白"长流夜郎"的重判。李白被流放夜郎，即现在的贵州省西部。

李白长途跋涉前往流放地，后来因关中遭遇大旱，朝廷宣布了大赦。这时，他正到了蜀中的白帝城（今四川奉节）附近，途中知道遇赦得还江陵，可以回家了。李白非常开心，便写下名篇《早发白帝城》。

"朝辞白帝彩云间，千里江陵一日还。两岸猿声啼不住，轻舟已过万重山。"一早刚辞别彩云缭绕的白帝城，才一天工夫，便到了远在千里之外的江陵。两岸猿猴的啼叫声还回荡在耳边，他的船已轻快地绕过万重青山了。流放生活很折磨人，何况他年纪大了，本来以为要去受罪，竟然可以遇赦，所以整首诗极度夸张了归途的速度感。字里行间，不难见他历经重重艰难、终获自由的畅快心情。

逃过了死劫与流放生活，李白晚年依附于族叔当涂县令李阳冰，最后也病逝于当涂的叔叔家，年六十二岁。或许是崇拜喜爱他的人不甘心他就这样病死，于是造了很多有趣、浪漫的传说，例如水中捞月，就是对于他离开人世的浪漫臆想。

不论贺知章赞他"天上谪仙人"，同宗族的兄弟形容他"五脏六腑是锦绣做成的"，现代诗人余光中说他"酒入豪肠，七分酿成了月光，余下的三分啸成剑气，绣口一吐就半个盛唐"，还是后人称的"诗仙""酒仙""剑侠"。综观李白一生，意气风发时，"人生得意须尽欢，莫使金樽空对月"；壮志未酬时，"人生在世不称意，明朝散发弄扁舟"，应该都像他自己写得那般洒脱，那般不羁吧。

李白的诗中有许多明月的意象，他似乎是偏爱明月的，而他的诗也像是明月那样，伴随着无数的孩子成长。如今当我们抬头望着明月，总能想起李白的诗，他像是明月的孩子。他浪漫飘逸，他豪迈奔放，他与明月一般亘古恒常，他是如假包换的"诗无敌"。

[创作模式启动]

模式一　《春夜洛城闻笛》的听觉摹写

玉笛的"暗飞声",写出了笛音轻轻细细、隐隐约约、缥缥缈缈,在万籁俱寂的夜里才能听见。而笛音随着春风飘扬,全洛阳城的人都听到了。接着再仔细聆听,发现是离别的曲子《折杨柳》,整个情思便被触动了。全诗大量运用听觉上的描写,以声音来让人"看见",每个人都被包围在浓浓乡愁里的画面。我们写作时,最常运用的感官是"眼睛",若能将"耳朵"听闻到的,以文字摹写出来,就相当具有感染力度了,能将景况和感觉扣入人心。

模式二　《将进酒》的完美开句

"君不见,黄河之水天上来,奔流到海不复回。君不见,高堂明镜悲白发,朝如青丝暮成雪。"一开始就以两组排比长句的美感和气势来震撼你,何况黄河从天上直接浩浩荡荡奔流入海,是空间上的夸张;满头青丝在一天之内成为苍苍白发,是时间上的夸张,都带来极度的感官感受。而两个"君不见",用设问手法来改变平铺直叙,举出雄壮山河与渺小人生的对比,然后带出接下来全诗书写的人生苦短、及时行乐。真是诗仙的文笔!我们虽难以和诗仙较量,但须记住,文章的开头很重要,最好简洁、新颖、紧扣主题,一个精彩有力的开始,往往能吸引人往下阅读,你的想法也才能完整地被了解。

模式三　《将进酒》的极度夸张

"夸张手法"是修辞手法中常见的一种技巧,将大的夸张到无限大,小的缩减到非常小,总而言之就是"不普通""不平凡",

令人眼前一亮，甚至发出惊叹声，可以说是"语不惊人死不休"。李白就是一位夸张高手，他的诗句能令人印象深刻的，几乎都用到了夸张的手法。像是《将进酒》中用了空间与时间的夸张；自己一喝酒就得要喝三百杯；而曹植宴客更要饮尽万斗酒，都有着不可一世的气势，点燃了读者的血液，使我们也热血激昂起来。如果想要在写作中更具有感染力，或是让人印象深刻，就跟李白学学夸张手法吧。

> **座右铭**
>
> 天生我材必有用。

上天生下一个人，绝对有其用处，我们必须先找到自己的才华在哪里。相信我们一定有才华，只是还没找到而已，所以要下工夫寻找。然后，必须肯定自己，满怀信心，朝着理想去努力，这样的人生就有价值了。

主题四

他的屋顶飞走了——杜甫

诗仙与诗圣

在唐代诗坛，甚至整个中国文学史上，能够与亘古恒星——"诗仙"李白齐名的诗人，绝非泛泛之辈，他就是赞誉李白"诗无敌"的"诗圣"杜甫（712—770年）。

杜甫，字子美，是唐朝现实主义诗人。他的一生创作丰富，写了三四千首诗，流传下来的就有一千四百多首，风格多元，但以沉郁为主，最擅长古体诗和律诗。中唐时的政治家兼文学家韩愈，十分崇敬杜甫与李白，曾说："李杜文章在，光焰万丈长。"这两句话不仅代表了当时的普遍观感，也证明了韩愈的眼光精准。并称"李杜"的李白和杜甫，风华绝代、光芒万丈，对中国文学有着深远广泛的影响。

同在唐玄宗开元、天宝年间活跃的两人，文学成就不相上下，又是交情深厚的好朋友，诗风却很不相同，也因此常被人比较，谁的成就与地位更高一些？最先提出"李杜优劣论"的是中唐时的元积,没想到这风潮便从此延续一千多年,至今仍有文学家争论不休。整体来说,"扬杜抑李"居多数,支持杜甫的人认为杜甫写诗靠的是笃实的苦功,就像他自己说的:"读书破万卷,下笔如有神。"而李白写诗靠的却是天才,醉醺醺大笔一挥就成了,这种说法其实忽略了李白自小"读奇书"的深厚基础了。

不管谁比较优秀,我们都十分庆幸,为拥有这两位巨星而感到骄傲;且因李杜诗风和性格大不相同,后世有许多评论著述,形成所谓的"李杜学",让诗仙与诗圣的光焰持续万丈,不也是美事一桩?

简而言之,李白浪漫,诗风豪放飘逸;杜甫写实,风格沉郁顿挫。他们相识于公元744年,也就是唐玄宗让李白离开长安后,李白去了洛阳,才与漫游暂回洛阳的杜甫结交。杜甫写过《赠李白》《春日忆李白》《天末怀李白》《梦李白》《寄李白》等诗作,可见他有多么仰慕、推崇这位大他十一岁的诗坛前辈。

他赞誉李白"白也诗无敌,飘然思不群""笔落惊风雨,诗成泣鬼神"。还提到他们两人"醉眠秋共被,携手日同行",可见杜甫非常珍惜这段亲如兄弟的深厚情谊。

后来李白晚运仍不顺遂,甚至被朝廷赐死,因平乱大将军郭子仪求情方被改为放逐,就像杜甫对他的描述:"敏捷诗千首,飘零酒一杯。"李白落难时,杜甫不知道李白的转折状况,只心系着被肃宗流放到夜郎的李白安危,一连三夜梦见他,怀疑他死了,便作了《梦李白》二首,写出怜惜与担忧。

《梦李白》二首其二

杜甫

浮云终日行,游子久不至。

三夜频梦君,情亲见君意。

告归常局促,苦道来不易。

江湖多风波,舟楫恐失坠。

出门搔白首,若负平生志。

冠盖满京华,斯人独憔悴。

孰云网恢恢?将老身反累!

千秋万岁名,寂寞身后事。

天上的浮云整日飘荡着,天涯故人却久久不来。一连三个夜晚,我频频梦见你,可见我对你的深情厚谊。梦中,你每次都匆匆告辞,还苦笑说能够相会很不容易;而江湖有许多风波,得担心舟船随时会翻覆。你出门时,总是搔着白发,好似说着自己辜负了一生雄心壮志。看那京城里满满的达官显要啊,而你这样一个了不起的人却没有显达,总是憔悴的模样。是谁说天理广大、公道无边的?为何你年事已高了,还要被牵连受罪?虽然你的盛名一定可以流传千秋万世,但到时你早已死去,只余寂寞的魂魄,又有什么用呢?

这首诗,起先两句就是思念,然后写李白频频到他梦中来探访,情深义重,展现了两人契合的友谊。第五句到第十句,刻画梦中李白的话语及形象。"出门搔白首,若负平生志",见到李白苦恼地搔着白发,仿佛一生的雄心壮志注定是要被辜负了,有惺惺相惜的味道。而"冠盖满京华,斯人独憔悴。孰云网恢恢?将老身反累!"是他对天才李白的坎坷遭遇叫屈,另外也隐含对自己老病之身的慨叹。最后一联"千秋万岁名,寂寞身后事",完全表露了对李白崇高的评价。他认定李白的诗名一定可以流传千古,只是连身后事也无人打理,在后世的荣耀与此身的凄凉中,寄予无限感叹。

长安人情如纸薄

杜甫生于河南巩县,祖籍杜陵(陕西长安),又曾在少陵住过,所以又被称为杜少陵,还自称杜陵布衣、少陵野老。

他的远祖杜预是西晋名将,祖父杜审言是初唐诗人及文官,父亲杜闲做过县令、兖州司马。杜甫可算出身世家,他因身体不好,母亲又早死,父亲在外为官,从小就被送到洛阳姑姑家住,所以洛阳也算是他的故乡。

杜甫年少已展露文才，七岁便能作诗文，开口即咏凤凰诗；十几岁开始出入洛阳文人名士府邸，作品颇受赞赏。二十岁起，他效法司马迁壮游，大江南北一去十多年，游历了吴、越、齐、鲁等地，为观览河山、增广见闻，也因此走入民间，深入中低阶层的生活，并认识了许多朋友。期间回过洛阳参加贡举，没有及第，落榜的青年诗人旋而继续漫游。在没有目的、没有意图的漫游中，三十三岁的杜甫遇见了四十四岁的李白。这真是文学史上令人屏息震撼的、两颗耀眼明星的会聚。

壮志难伸的李白，从锦衣玉食的宫闱中走出来；名落孙山的杜甫，巡行在贫富不均的社会中。他们都感受到一个伟大王朝即将崩坏的哀愁，这使他们相见恨晚，结为莫逆。

曾经，他们两人相偕与高适出游梁、宋，并和岑参、裴迪等人都有好交情，时相唱和。杜甫的人生，从读书、漫游期进入了下一个阶段，也是一连串历练与变化的开始。

年轻时，子美家中经济尚可不愁，但家道慢慢中落。他自东京洛阳到西京长安，怀抱着文学才华和政治理想寻求仕进时，已三十五岁了。来年再次应试，当时许多文人也一起应考，却被奸相李林甫一手掌控，全数落榜，杜甫便展开困居长安十多年的岁月。

为了一家生计，他向现实低头，除了上街卖药赚钱，还到处向达官贵人献诗、献赋，希望获得青睐与提拔，谋个一官半职，但这些求援都没有效果。他不仅无法实现经世济民的理想，渐渐地，连基本生活都有了困难。

始终只能骑着一头瘦驴奔波的他，看尽世态炎凉，写下著名的《奉赠韦左丞丈二十二韵》。他说自己"读书破万卷，下笔如有神"，怀着"致君尧舜上,再使风俗淳"的大志,不料文采无用,理想遭到冷落,"朝扣富儿门,暮随肥马尘。残杯与冷炙,到处潜悲辛",还过着陪权贵们诗酒宴游,却未被以礼相待的日子,而且连生活都越发贫困,便兴起不如归去的念头。

同时期,他还有一首歌行体古诗《贫交行》,更是言简意赅地道出了人情冷暖。

《贫交行》

翻手作云覆手雨,

纷纷轻薄何须数。

君不见管鲍贫时交,

此道今人弃如土。

译文 很多人交友,如手掌翻覆,忽云忽雨,反复无常。这是多么地令人轻蔑、不屑一顾啊!像春秋时代管仲和鲍叔牙那样传颂千古、贫贱不离的君子之交,却被今人弃如粪土了啊!

《贫交行》前两句是写现实的冷酷,以"翻手作云覆手雨"来形容世事无常、人情反复,就像手掌翻转一样迅速。后两句是感叹,当年鲍叔牙热心帮助贫穷的管仲,无私地推荐他给君王的那种深厚友谊,今人已弃之如粪土了。这首诗,杜甫引用管鲍之交,借由古今人情对照,大叹雪中送炭的人太少,深刻体验了人情似纸薄的炎凉。

之后,他暂时回到洛阳,途中目睹因朝廷征兵造成的民间疾苦,作了《兵车行》《前出塞》等诗。而长安那时下了很久的雨,米贵得吃不起,次年他就携家前往奉先(陕西蒲城县),安置了妻小,自己则回长安。那年,终于获授河西尉一职,但他不愿就任这个小官职,最后才改右卫率府胄曹参军。

这期间,杜甫用犀利而大胆的笔,记录了社会状况,写了许多批评时政、讽刺权贵的诗篇。这些诗作思想深刻,直指不平,又以《自京赴奉先县咏怀五百字》尤为著名。那时安史叛军作乱,局势动荡不安。杜甫前往奉先探视家人,途经骊山华清宫,见鼓乐喧天,发现玄宗仍罔顾朝纲、醉生梦死,于是便就长安十年的感受和沿途所见,洋洋洒洒写成五百字长文。

文中,他愤然指出劳碌的百姓创造了物质财富,养活的却是剥削他们的上层阶级,揭穿了"朱门酒肉臭,路有冻死骨"的黑暗真相:有钱人家的酒肉多得吃不完,堆着发臭;路边却有冻饿而死、无人收拾的贫民骸骨。社会上不断扩大的贫富差距,让他深感哀痛。至于诗人自身的深刻创痛则是"入门闻号眺,幼子饥已卒",幼子因闹饥荒没东西吃而夭折。连自己的孩子都无法养活,作为人父,他该有多么大的屈辱与惭愧。家庭悲剧与国家衰败,日夜交煎着一筹莫展的诗人,愁绪堆得比终南山还要高。

诗人拥有着一颗儒者之心，悲天悯人的仁者胸怀，只要想到人民的痛苦，便忘记自己的痛苦，忧国爱民，难怪杜甫被称为"诗圣"。这首写实长诗，不仅表现出杜甫的现实主义诗作已趋于成熟，更为唐朝盛世敲响了警钟。

安史之乱，颠沛人生

玄宗天宝十五年（公元756年），杜甫的长安时期告一段落，进入了流亡时期。因为直接而深刻影响唐朝，让盛唐元气大伤的安史之乱，此时最为严重。叛军六月破潼关，玄宗携贵妃及臣子离开长安出奔四川，整个朝廷、社会完全失序，杜甫也就带着家眷前往鄜州（今陕西富县）羌村避难。七月，肃宗在灵武即位。他听到消息，因为哀怜百姓，想为平乱效力，便留下妻小，一个人满腔热血、辛苦跋涉地投奔肃宗，不料却于途中被叛军俘虏到长安。

这时的长安已被安禄山攻陷，杜甫见证了唐朝由盛转衰，也在八个月愤恨的囚居生活中，亲眼见到战时长安的惨况，于是更专注于创作，包括七言长篇《哀江头》，都是咏述当时的事。他描述百姓和青年士兵死伤惨重、民不聊生；也写玄宗和杨贵妃以前游幸的曲江，已荒芜一片。他追想繁华升平的昔日，对照如今的残破不堪，并兼以抒发感怀，表达对国家衰之的哀恸。"人生有情泪沾臆，江水江花岂终极？"人非草木，触景能伤情，泪水往往沾湿胸臆；曲江流淌的水与花草，如无尽的哀思，哪里有尽头呢？少陵野老不禁吞声而哭。此诗和另一首《春望》一样，都是悲伤家国的诗篇。

—— 杜甫 ——

《春望》

国破山河在，城春草木深。

感时花溅泪，恨别鸟惊心。

烽火连三月，家书抵万金。

白头搔更短，浑欲不胜簪。

国家已经残破不堪,山川却依然如故。长安城里,到了春天草木都荣发茂密了。似乎感染了时局的不幸,花朵湿润得像在流泪;仿佛也感受到离别的惊恐,鸟儿皆振翅高飞远逸。战火已经持续了三个月,家中的书信无比珍贵却又不可得。愈烦恼愈忍不住搔抓我的满头白发,头发变得短少,简直连发簪也簪不住了啊。

《春望》诗中最特别的就是以自然与人情作为映照,首联写的是客观的状态,国家被攻破了,但是河山却无动于衷。春天来的时候,花草树木依旧发芽成长,欣欣向荣,好像什么事也没有发生。到了颔联则寄予诗人无限的深情、主观的投射,从他的眼中看来,花和鸟都能为国破的悲哀同感同哭,这就是最具体的"移情作用"了。花鸟草木都是无情的,是诗人的浓厚情感让这些无情之物,化为有情之思,进而动人肺腑。

在这首五言绝句中,颔联与颈联中使用的对仗,也是令人惊喜的,像是"感时"对的是"恨别";"花溅泪"对的是"鸟惊心";"烽火"对的是"家书";"连三月"对的是"抵万金",词性相对,既工整又自然,真的是达到了出凡入胜的地步了。

杜甫的诗作因描写了许多安史之乱前后的社会状况,还有百姓的苦难及他亲身的遭遇,让后代人能了解当时的唐朝,所以又被称为"诗史",杜甫也成为中国文学史上最伟大的现实主义诗人。其实他不只写史,我们还可以从其诗作中,读到他颇为完整的个人生活记录,了解他每一时期的境况和感情。这种写作手法,奠定了后来生活诗歌的基础,使得之后的白居易、韦庄和宋朝的苏轼等人,都效法杜甫,将生活、事件与观点全写进了诗里。

而被俘虏受困期间,杜甫有一首五言律诗《月夜》,便是思念尚于鄜州暂住的家小,体现了对妻子的深情。

《月夜》

杜甫

今夜鄜州月,闺中只独看。

遥怜小儿女,未解忆长安。

香雾云鬟湿,清辉玉臂寒。

何时倚虚幌,双照泪痕干。

今晚鄜州的月亮,想必只有闺中的妻子独自欣赏吧。我心疼在远方的子女,但年幼的他们,还不懂得想念流落在长安的父亲。我仿佛看见妻子刚沐浴梳洗完,美丽的鬟发如云雾一般,还散发着湿漉的香气;手臂被月光笼罩,显得白皙而冰冷。不知何时才能再度团圆相聚,那时,我们一定要再次倚窗赏月,一起让月光擦干思念的眼泪。

题目虽为"月夜",重点却是怀人,而且他明明在长安城看月亮,首句写的却是"今夜鄜州月",便是想象看见了妻子也正在望月,当然也看见了她的孤单。"香雾云鬟湿,清辉玉臂寒。"用这样美丽的词句来形容女人,在杜诗中是极少见的。结尾则回到对团圆的渴求:到时一定要一起站在月光下,让月光擦干夫妻俩思念与欣喜的眼泪。全诗写法曲折,运用了修辞的"示现法",意即把"想象"的事情描述得好似就在眼前一样,以妻子对着月亮想念他、期待团聚,来表达出他对妻子的想念。情感真挚,为杜诗罕见的浪漫名篇。

律诗的格式

律诗共有八句,每两句为一联。一、二句合称首联,三、四句合称"颔联",五、六句合称"颈联",七、八句合称"尾联"。"颔联"与"颈联"需两两对仗,此为律诗的格式。

在长安过了八个月的痛苦生活,眼见百姓于水深火热中,杜甫一心想要突围,终于冒险逃脱,只穿着"麻鞋",狼狈不堪地见到了天子肃宗。肃宗大为感动,遂授予他左拾遗的官职,性质类同谏官,后世才会又称呼他"杜拾遗"。

然而,多苦多难的杜甫,不久便因忠言直谏,上疏为宰相房琯说项而获罪。不久长安收复,肃宗回京,因房琯事件被贬官到华州的他,归洛阳,再返回华州。途中,遇到了隐居的老友卫八处士,写下《赠卫八处士》,其中名句有"人生不相见,动如参与商。今夕复何夕,共此灯烛光""少壮能几时,鬓发各已苍""明日隔山岳,世事两茫茫"等，抒发了对聚少离多和世事沧桑的慨叹，全诗字词平白，却自然感人。

而他经新安、石壕、潼关，亲眼看见战役失序、人民失亲的社会乱象，痛心之余，又以长篇叙事诗作了非常忠实的记录。

这些不朽的作品就是《新安吏》《石壕吏》《潼关吏》《新婚别》《垂老别》《无家别》，简称"三吏"及"三别"。他将战乱中所见的黑暗及民不聊生的状况，通过县吏、老翁、老妇、新娘、征夫等人的真实言行，淋漓尽致地描绘了出来。于是我们看见了人民的苦难，也体会了诗人对这些下层社会同胞寄予的深深同情，更对官吏迫害及奴役百姓感到深恶痛绝。他也表达了反战思想，是时代创举。

杜诗的语言和结构富于变化，兼备众体、手法多元，像"三吏""三别"这种新题乐府，展现了忧国忧民的思想情感，亦是现实主义诗歌的杰作，很有历史及艺术价值，对后来元稹、白居易的"新乐府运动"，更产生了积极的影响。

草堂岁月，
一行白鹭上青天

随着社会局势不定及仕途多阻碍，杜甫的人生是坎坷、动荡、漂泊的。写作"三吏""三别"半年后，关中出现大饥荒，怀才不遇的他感到灰心与无力，便弃官辗转到了四川，开始了生命最后一个阶段——更加无尽的漂泊。

他举家在成都浣花溪畔筑起茅屋，取名"草堂"，全家终于有了栖身之处，那时的他已是半百年纪了，生活用度只能仰赖亲戚朋友援助。他生命最后的十年，多半是在漂泊、流浪中度过，只有这加起来短短几年的草堂岁月，是他最为安定闲适的时光。尽管，贫穷对于他，始终是挥之不去的梦魇。

在成都任官的好友严武雪中送炭，是资助他最多的人。严武后来被调回朝廷，杜甫失了依靠，又迁移到梓州；来年安史之乱全部平定，严武再为成都尹，兼节度使，杜甫便携家归返成都浣花溪畔。接着，严武推荐他当节度参谋，并荐举任检校工部员外郎，故后世又称他为"杜工部"，有《杜工部集》。

草堂虽然简陋，却成就了杜甫人生里一段特别的岁月。他大量创作，所以后人称其诗集为《草堂诗集》。他在柳树环绕的浣花溪畔，创作了许多有别于沉郁风格的写景诗："榉柳枝枝弱，枇杷树树香。""自去自来堂上燕，相亲相近水中鸥。"这些诗句，用的是一种平和恬淡的心情，描写美丽的草堂风光。

而《绝句》四首其三，更是佳作。安史之乱平定，严武回任成都，杜甫也回到了草堂，心情十分喜悦，于是随手写下即景小诗。不同于《闻官军收河南河北》的快意，这诗属于安适的喜乐。因是随兴而起的随笔，便不拟题，只以"绝句"称之。

《绝句》四首其三

两个黄鹂鸣翠柳，

一行白鹭上青天。

窗含西岭千秋雪，

门泊东吴万里船。

——杜甫

两只黄鹂鸟，在碧柳间歌唱；一行白鹭鸶，于青空中飞翔。推窗远望，我的窗户嵌进了西岭千年不化的皑皑白雪；而大门外河边停泊的，可是从万里远的东吴驶来的船。

全诗两联都对仗得工整又精美，"两个黄鹂鸣翠柳，一行白鹭上青天"更是万世流传的佳句，迄今仍为人们所吟咏。尤其使用四个鲜明的、表现颜色的字，加上黄鹂鸟鸣叫和白鹭鸶飞翔的声音与动作，真的是"有声有色"。而且先写近景，再拉开远景，仿如一幅生动的白描春天风景画。后两句则由远而近，窗外远远的西岭就是雪岭，积雪几乎不消。"含"字更用得巧妙，仿佛此景是直接嵌在窗框中的一幅画！

而他曾东游吴越，知道停在门前水边的船只来自相当遥远的东吴，正因乱事已平，水路交通才得以恢复。杜甫在这里用了形容时间的"千秋"和形容空间的"万里"，四个字就让人感受到天地之间的久长与辽阔，画面宁静而磅礴，可见诗人即便清贫，也可思及千载、视达万里，气度真是开旷。

　　杜子美的草堂岁月，还有一首极受赞赏的七律，就是流露恬淡生活气息的《客至》。在成都浣花溪畔，除了几个知己老友，他很少跟人交往。陪伴他的，只有好山好水，还有一群鸥鸟，当然那也暗指他的隐士知己。

杜甫

《客至》

舍南舍北皆春水，但见群鸥日日来。

花径不曾缘客扫，蓬门今始为君开。

盘飧市远无兼味，樽酒家贫只旧醅。

肯与邻翁相对饮？隔篱呼取尽余杯。

我家前后都围绕着春天明媚的溪水,还可以看到成群的鸥鸟每天飞来飞去。门前长满了花草的小径,从没有因为客人莅临而打扫过;为了欢迎你,今天我把简陋的草门打开了。我家离市场太远,没有大鱼大肉,只有一种小菜招待你;也由于家穷,所以只能拿出去年酿的粗酒来款待。而你愿不愿和邻居老翁对酒尽欢呢?如果愿意的话,我就隔着篱笆叫他过来,大家一起干杯,喝光这些酒吧!

有一天,朋友来了,他喜出望外,特地打开简陋的草门以示欢迎。"花径不曾缘客扫,蓬门今始为君开。"又一千古名句,而且对仗对得十分完美。这"蓬门",是"借代手法",代替"贫穷人家";而前面提到的"朱门",是代替"富贵人家"。我们贫穷的诗人,只能拿出一碟小菜和没有过滤过的去年酿的粗酒来待客,有力不从心的歉疚,却仍可看出真心想尽地主之谊的热情,甚至还问客人:想不想跟邻居老翁一起尽兴?愿意的话,大伙儿就一起把剩下的酒都干了吧!

话家常一般的语言,把人在穷困中仍然可与知交欢叙畅饮的情形,写得很有人情味,很有画面感,证明了不一定要多有钱才能"分享",也不是富人才有办法盛情待客。直到现在,我们仍能听见草堂中传来欢快的笑声,提醒我们,就算是在贫困的时候,也别忘记享受快乐。

秋风秋雨，追逐飞走的屋顶

诗人在浣花溪畔安顿了妻儿，生活虽仍清苦，起码享受了一段与先前流浪时大不相同的田园平静生活。然而，秋天一场大风雨使得草堂严重受损，床头雨如麻，让杜甫深受打击，彻夜难眠，便有感而发，写下了这首感动几亿人的歌行体七言古诗——《茅屋为秋风所破歌》。

杜甫

《茅屋为秋风所破歌》

八月秋高风怒号，卷我屋上三重茅。茅飞渡江洒江郊，高者挂罥长林梢，下者飘转沉塘坳。南村群童欺我老无力，忍能对面为盗贼。公然抱茅入竹去，唇焦口燥呼不得，归来倚杖自叹息。俄顷风定云墨色，秋天漠漠向昏黑。布衾多年冷似铁，娇儿恶卧踏里裂。床头屋漏无干处，雨脚如麻未断绝。自经丧乱少睡眠，长夜沾湿何由彻！安得广厦千万间，大庇天下寒士俱欢颜，风雨不动安如山。呜呼！何时眼前突兀见此屋，吾庐独破受冻死亦足。

八月秋高气爽的日子里,突然狂风怒吼,卷走了我屋顶上的三层茅草。茅草随风飞过江,散落在对岸江边。有些茅草高高悬挂在茂密的树梢,有些则飘飘洒洒沉入池塘或洼地了。南村一群孩童欺负我年老无力,竟忍心当着我的面,像盗贼一样偷走那些茅草,抱着跑进竹林里。我喊得口干舌燥也叫不住,只好回来拄着拐杖独自叹息。不久,风停了,却涌来像墨一般黑的乌云,使得深秋的天空一片昏暗。我家的布被已使用多年,像铁一样冷又硬;孩子夜里睡得不安稳,把被子都踢破了。而屋子漏雨,就连床头都没有一处是干的;雨更像乱麻般绵密地打下,未曾停顿。自从安史之乱以来,我忧国、漂泊,很少睡得好,现在更不知怎么度过这潮湿不堪的长夜。如何才能得到宽广高大的房屋,来收容、庇护天下贫寒的百姓,使他们都能展开笑颜,有遮风避雨的地方,安稳如山地过日子。唉!什么时候我眼前才会突然出现这些房屋?如能达成此愿,即使只有我的茅屋毁坏破败,或我受冻而死,都心甘情愿啊!

那时一家人才住到草堂几个月,便眼睁睁看着呼啸的秋风把屋顶的茅草一层一层卷得远远的。他跑出去抢救,没想到连村童们都欺负他年老,当面抱起他的茅草就躲到竹林里去了。他又累又伤心,而屋破又逢连夜雨,雨水从缺草的屋顶漏下,情况更加凄惨了。床头没有一点干的地方,布被也不暖和,孩子睡不安稳。安史之乱以来的种种,已使诗人长期失眠,现在更让他彻夜难眠,感觉寒夜漫长。

  而老弱穷困的他身在受灾的凄风苦雨中，却表现了博爱胸怀，由本身的痛苦推想到别人的痛苦、社会的痛苦，于是许下心愿："安得广厦千万间，大庇天下寒士俱欢颜，风雨不动安如山。"使用了夸张的修辞法，意在表达极其深切的愿望，并不是真的要盖房屋"千万间"，他希望有个稳固的大房子来收容贫寒百姓，为他们遮风挡雨，安稳过日子，免于遭受与他相同的苦况，乃至于他家毁坏或自己冻死也心甘情愿、在所不惜，充分表现了诗人的仁爱胸怀和高尚人格。这种可贵的思想，正是诗人忧国忧民的表现，是全诗体现的含意。诗圣之所以为诗圣，由此可见。

流转·流浪·流离

尽管经过好友严武荐举杜甫任检校工部员外郎，可他还是因为多病和不适应官场习气而辞了官，继续过着隐逸、贫穷的草堂生活。这样的日子过了不久，先是诗人好友高适病逝，连一路以来情义相助的严武，也不幸于四十岁壮年病死了。此时已五十五岁、贫病交迫的杜甫，顿失依靠，于是举家东下夔州，再度漂泊，辗转流浪，想寻找生命的出口。

杜甫用写作来记录人生每个时期，以及国家、社会景况，并抒发志向与感怀，就连在离开草堂后的五年流离坎坷生活中，也是一样。此时期的作品包括《旅夜书怀》、《秋兴》八首、《咏怀古迹》五首等，除了抒发心情境遇，也显示了时代变迁。因为就在这时，渐衰的唐朝已步入中唐阶段。

诗人流落到四川白帝城附近的夔州时，因病而住下，这期间是他一辈子生活最苦的时候。流浪和旅行不同，旅行是有家可以回，流浪则满是无依与疲惫，尤其是长年漂泊、居无定所。杜甫这时已穷困潦倒，加上病体的痛苦，他心情万分愁闷，所以写下名篇《登高》，用登高所见的苍阔画面——"无边落木萧萧下，不尽长江滚滚来"把绵延不绝的感伤形象化了，形容哀思、愁苦排山倒海而来，内心震荡翻涌，不是昂扬，而是悲抑。

在生命的最后一年，漂泊流转中，诗人到了荆、湘一带。暮春，他巧遇故人，不同于相逢的欣喜，反而感慨万千地写了《江南逢李龟年》。

—— 杜甫

《江南逢李龟年》

岐王宅里寻常见，

崔九堂前几度闻。

正是江南好风景，

落花时节又逢君。

许多年前,我时常在岐王府里看你的演出,也有好几次在崔涤堂前听过你的歌声。没想到多年以后,在这风景美好的江南,春日将尽、花儿已落的时节,又与你重逢了。

江南指潭州,即今湖南长沙,这里远离京师,也是诗人捉襟见肘、穷困潦倒到极点的地方;而李龟年,是盛唐开元、天宝年间,长安炙手可热的音乐家,只有王公贵族才能见得到他。杜甫少时才华卓越,在洛阳的姑母家住时,与文人名士常相来往,还受到岐王李范和殿中监崔涤喜爱,得以在两人的府邸多次欣赏到李龟年的歌唱艺术。

此诗前两句,杜甫回忆当年在岐王宅邸和崔涤府第听李龟年唱歌的情景。而后两句,思绪转到眼前,几十年后两人在江南重逢,有喜悦,有惊叹,更多的是感慨。具有时代标记的艺术家,晚年却流落江南以卖艺为生,潦倒落魄,这不仅是个人的命运,更说明了开元盛世一去不返。晚春的落花,正是故人和自己此时的生命境遇,充满对于人生坎坷变化的无奈感。

这些看似平淡简单的字句,却有着复杂纠结的情怀,富含情韵与内容,令人感到沧桑凄凉。不仅传达出个人的盛时已过,也揭示了大环境的现状,被公认是杜甫绝句中,最有感情、最富蕴意的一首。短短二十八个字,竟包含了整个时代,真是大师手笔。

《江南逢李龟年》作于公元 770 年暮春,而那年冬天,诗人便孤独地病死于潭州一艘小船上,得年五十九岁。漂泊的人生,就此落幕。

光华璀璨，身影万丈长

杜甫胸中有抱负与悲悯之心，四处流转，漂泊。尽管人生漂泊不安、愁苦不堪、贫病不断，还屡经战火，但他热爱生活、关心社会，以敏锐的观察力和感受力刻苦创作，始终维持"忧国忧民"这条主线，具有丰富的社会内容及强烈的时代色彩，绝对是他受敬仰的主因。

明末清初的文学家金圣叹把《庄子》《离骚》《史记》《杜诗》《水浒传》《西厢记》评为"天下六才子书"；全中国有不计其数的杜甫纪念堂，世界和平理事会还把他定为世界文化名人来纪念，足见他对后世的影响深远。

这些恰恰说明了，经济拮据的杜甫，在文学生活上却极度饱满，拥有十分杰出与多元的艺术成就。他的文学生命与思想价值，可谓光芒万丈，在中国文学史上占有崇高地位。

杜甫的诗，即便于二十一世纪的今天来读，仍然不失流行，仍然值得我们深深品味。而他天涯漂泊、悲天悯人的身影，更是存活于一字一句中，散发着璀璨的光华，永不磨灭。

【创作模式启动】

模式一　《客至》的结构典范

题目为"客至",写的就是有关客人来访的事情。一、二句首联,先描述自己居住的环境,还隐含平常往来的是怎样的人。三、四句颔联,空间由大而小、由外而内,转写屋院情景,还有"迎客"的心情。五、六句颈联,则开始写"待客",都是亲切实在的家常话,不浮夸,不造作;而七、八句尾联有了转折,主、客都是豪迈、爱分享的性情中人,这种欢聚最为尽兴啊!除了空间,也兼顾迎客、待客的时间顺序,衔接得极为自然。此诗优异的结构,值得借鉴。

模式二　"两个黄鹂鸣翠柳,一行白鹭上青天"的摹写技巧

《绝句》四首其三的每一句,都有不同的景物,且两两对比,组合起来便是一幅完整的画面。而"两个黄鹂鸣翠柳,一行白鹭上青天"更为摹写之最。除了带来宽阔的视野,诗人一连用了黄、翠、白、青四种颜色,而"鸣"是声音,"上"是动作;黄鹂和白鹭、柳和天,则是物与景。短短十四个字,有动有静,有近有远,且色彩鲜明而生动,透过视觉、听觉等感官,使人具体产生深刻印象及感觉。这便是摹写的技巧,我们在写作时适当运用,可让人感同身受,引起共鸣。

模式三　"感时花溅泪,恨别鸟惊心"的移情与转化

在创作时,有些人可以让无情的对象也饱含情感,仿佛诉说着无限的情意,明明是没有生命的东西,经过了"移情作用"的点石成金,瞬间绽放出光芒。这在修辞学上,就是所谓的"转化",最常使用的是"拟人法"。杜甫将自己的情感投射到花和鸟的身上,于是,

被露珠沾湿的花朵，看起来竟像是在哭泣，好像深深明了国破家亡、百姓流离失散的悲哀。高高飞起的鸟雀，也像是战乱中饱受死亡、饥饿威胁的百姓，那样惊惶、恐惧。运用同理心与想象力，便能使笔下的对象都闪闪发光，也让这个世界充满丰沛的情感。

> **座右铭** 大庇天下寒士俱欢颜。

杜甫祈愿让天下贫穷人士都能有个遮风避雨、安身立命的场所，都能展露笑容。我们虽不是诗圣，也要有如此悯人、助人的胸怀，甚至付诸行动。倘若有人受我们的影响，尤其是好的影响，那我们这一生就足够了。

主题五

胸中栖着一朵云——田园诗

山水田园好朋友

我们在赏读唐诗时，可以发现山、海、云、树等景物充盈在诗人的篇章里，不仅慰藉了他们的生活，表达了其心志，也让后人如观赏优美的短片一样，得以穿越时空，身历其境。如此风格鲜明的派别，被称为山水田园派，代表人物便是王维和孟浩然。

他们两人的诗融合山水、田园、写景、抒情。他们笔下的天地，丰富多彩，情调宜人，而且文字自然单纯，还有着简朴的生活气息，其诗意境高远，具有独特的艺术成就。他们不仅在盛唐诗坛开创了吟咏自然山水风光的田园诗派，对后代诗人有着重大影响，而且结为好友，情感深厚，被大家合称为"王孟"。

唐诗派别和代表人物

浪漫派：李白
社会派：杜甫、白居易、元稹、刘禹锡
田园派：王维、孟浩然、刘长卿、韦应物、柳宗元（自然派）
边塞派：高适、岑参、王昌龄、王之涣
奇险派：韩愈、孟郊、贾岛
唯美派：杜牧、李商隐、李贺

然而这两位钟情于大自然的好朋友，命运却是颇有差异的，在仕宦路途上确是大相径庭。

之前介绍过唐代人的科举，就是这科举制度，打破了魏晋时期的门阀士族，使知识分子的地位不再是世袭，而是通过科举考试来甄选。考上了科举，功名随之而来，朝廷也可从中发掘人才，为国所用。但有些人考运可能不太好，或像李白那样有点苦衷的，也无法应考，这时就有另外一种晋升之途，叫作"终南快捷方式"。

那时的文人爱去终南山隐居，但不是真的闭门谢客，反而有很多交际活动，他们常作诗，常跟当朝一些文武百官有所往来。于是，名声很容易传出去，更会传到皇帝耳里，不少人后来都被延请当官。这也是一条做官的路，所以被称为"终南快捷方式"。

孟浩然跟王维的不同，就是孟浩然长时间在终南山等待做官，可一生都没有等到。因为怀才不遇，便时露寂寞、伤怀之情。王维则是非常顺利地先从科举进入了仕宦之路，然而在中年之后，因一心向佛，就盖了"辋川别墅"，有时白天去上朝，退朝之后便回到辋川过隐居生活。

尽管如此，两人笔下的山水田园风光，却都描写得那么吸引人，难分轩轾。山，需要和海相比吗？云，需要和树竞争吗？在悠悠的人生旅途中，他们思索，他们微笑，他们惺惺相惜。

谁在登高时想我

王维是个神童,出身书香门第,九岁就能作很好的诗。他在音律、书法、绘画等方面的艺术造诣都是一流的,据说还是个美男子。他受母亲影响,信仰佛教,因钦佩佛教里的"维摩诘"菩萨,便自号摩诘,并写了大量富含禅意的诗,晚年更是虔心向佛,因此又被称为"诗佛"。他中、晚年长期过着半官半隐的生活,寄情于佛法与田园生活。存世四百余首诗当中,以描绘山水田园自然风光及咏颂隐居生活的诗篇,最能代表他的创作特色。

名作《九月九日忆山东兄弟》,是为人所熟知的重阳诗、怀乡诗和手足诗,这是他十七岁时的作品呢。

— 王维 —

《九月九日忆山东兄弟》

独在异乡为异客,

每逢佳节倍思亲。

遥知兄弟登高处,

遍插茱萸少一人。

独自在异乡漂泊的游子,每到合家团聚的节日,就特别思念亲人。我想遥远家乡的兄弟们,肯定会在重阳这一天,依习俗登高、喝菊花酒,全部的人也都佩插茱萸以辟邪,但唯独少了我一人啊!

  一年一度的重阳佳节,独自在异乡长安漂泊的王维,触景生情,表露了对亲人的加倍思念。在看不见的地方,他遥远的家乡,兄弟们正在做什么呢?他遥想他们肯定会在重阳登高,头上都插着辟邪的茱萸,可一眼望去就少了一个人,王维心想,大家会因为他无法回乡团聚,面对多出来的茱萸而感到悲伤吧。

  后两句写的是兄弟之情,写自己,也写对方,具有情感的铺陈。他虽不在现场,但可以想象对方在做什么,以及他们对自己的思念。这是很特别的写作技巧,在修辞中叫"示现",且是悬想的示现。王维当然无法确知兄弟是否想念他,却因为他自己对兄弟的思念,于是理所当然地写出了自己也是被思念的。

  这首诗背后,含着说不出的情意,"每逢佳节倍思亲",却道出了异乡人共同的心声,只有亲身经历过,才能深刻体会。

抒情高手栽红豆

王维更擅长五言绝句，短短二十个字，传达了所有的意思，需要高超的技巧。王维是个抒情高手，他曾写过怀乡的《杂诗》共三首，第二首的名句"君自故乡来，应知故乡事"，毫不避忌地重复使用了"故乡"两个字，显现出对故乡的无限依恋。

—— 王维 ——

《杂诗》三首其二

君自故乡来，

应知故乡事。

来日绮窗前，

寒梅著花未？

从我故乡来的您，一定知道故乡的大小事吧！请告诉我，您离开故乡来这儿的那天，我家窗前那株寒梅是不是已经开花了？

他遇见从故乡来的人，心中五味杂陈，先忙问对方：对故乡应该很了解吧？由此可知他是多么急切地想要知道家乡的事，但他想问什么呢？故乡可以怀念的东西太多，可以问家人，或问故乡有什么改变等，他却不知从何问起，只好问：当你启程来这里的时候，我家栽种的寒梅是不是已经开花了？

　　如此的白描手法，记录了思乡游子千头万绪的情感。家乡的山川、景物、亲人他都不问，却只眷怀窗前的梅花，将繁复的思念单纯化，落在梅花身上。我们也就领会了，他连对梅花都这般依依不舍，那么对于亲人的思念该有多么深厚呀。这是从小来写大，真正想写的其实是窗后的人，千言万语道不尽，只好用小事为托，在细微处挥洒了无穷的余韵，让天下同此心者，都能会心一笑。

　　如此引发读者情感共鸣的，还有最知名的《相思》。

——王维——

《相思》

红豆生南国，

春来发几枝。

劝君多采撷，

此物最相思。

译文 红豆生长于南方，每逢新春，不知要长出多少新枝、新叶了。希望在南方的你多多采摘、珍藏，因为这红豆，最能表达相思之情。

    这首看似简单的诗可不简单，王维以一种产于南方，朱红圆润，形如豌豆粒的红豆来起兴。这红豆又名相思子，南方人常用来镶嵌饰物，或表相思之情。而南方温暖多雨，红豆一到春天就愈长愈大、愈发愈多，诗人要讲的是自己的相思愈盛，宛如红豆一般。他还请朋友一定要多采一点，因为"此物最相思"。言语单纯，却富于想象，起先像在讲南国的一种植物，最后才点出"相思"这件事，一语双关，既切合题旨，又关乎情思，十分含蓄动人。

    值得注意的是，红豆象征相思，现代也都用于男女间的情爱，但在唐朝时却也包括朋友间的友爱，《相思》就属于这种。此诗一题为"江上赠李龟年"，也就是与杜甫晚年在江南相遇的那位音乐家李龟年，王维怀想友人，以小小的红豆寄托了深深的关心与思念，物轻情重，借咏物而寄相思，柔美和谐，足以令读诗的人悠悠怀想起挂念的人，堪称绝句的上乘之作。

    《杂诗》与《相思》，有异曲同工之妙，一首以"梅花"象征思乡；一首以"红豆"象征相思。梅花在窗前吐露着芬芳，红豆在江南蓬勃地滋长，王维心中的情意，再也无法隐藏。

干杯吧,一腔的侠情

王维九岁时就离家到长安城去,为科举考试做准备,所以他才会说自己"独在异乡为异客"。二十一岁时,他考中进士,据说还是状元,便开始踏上了仕宦之途。他年轻时多才多艺,除了赋诗,还精通音乐,擅长绘画,外貌更是俊朗,所以在上层贵族社会中深受欢迎,连当时权倾一时的公主都极为欣赏他,无疑是他的"粉丝"啊。

年轻时的王维,有着积极进取的人生观,对仕途与政治充满抱负,十分契合盛唐时期弥漫于社会的乐观气氛。他写了一组诗叫《少年行》,充满了豪情侠气,以及积极的行动力。《少年行》共有四首,我们先看第一首。

——王维——

《少年行》

新丰美酒斗十千,

咸阳游侠多少年。

相逢意气为君饮,

系马高楼垂柳边。

译文 新丰所出产的酒名闻天下，美酒价高也要尽情喝。在长安城里，来来往往的游侠多半是年轻人，只要大家意气相投，一见如故，都能痛快地同桌共饮，就暂且将马儿系在高楼边的柳树下吧。

　　诗中陕西"新丰"这地方，在古代以出产美酒闻名，酒被酿好之后是直接送进宫中给皇帝饮用的，称为"贡酒"，可说是天下最好的酒。唐朝诗人写诗、论诗必然饮酒助兴，侠士也是如此，新丰的贡酒特别昂贵，一斗酒值十千钱，仍要豪气地喝。他们重视"侠"的精神，聚集在一起的这些重义气、能救困扶危的游侠，多半都还很年轻。而咸阳本是秦代都城，向来是出英雄豪侠的地方。美酒配少侠，正如名马、宝剑配英雄，少年游侠对于意气相投、一见如故的人，无论如何都要举杯痛饮才过瘾。侠客们的名马就如同现代人的名车，也是价格不菲的，然而遇见意气相投的同路人，什么也顾不得了，且将马儿随意系在酒楼边的柳树下，与兄弟一起干杯啊！

　　本诗展现了少侠率性洒脱的英姿，意气风发的精神，以及惺惺相惜的热情，活脱脱是王维游侠时代的写照。

　　至于《少年行》的后三首，分别叙述少年从军报国的心志，在战场上奋勇杀敌的气概和建功后没有得到奖赏的遭遇。王维笔下的少年游侠，慷慨而不悲凉，非但没有怀忧丧志，反而充满了青春的理想浪漫色彩，游侠的形象跃然纸上。

　　而这就是恢宏壮阔，富有雄心壮志与无比自信的——盛唐精神。

在雪中，一株芭蕉

王维具有多方面才华，是音乐家，也是诗人，更是历史上一位重要的画家。唐朝当时的画坛盟主为李思训父子，他们的风格是用色鲜艳，细密地勾勒线条，使画面显得金碧辉煌，后人尊二人为北宗之祖。王维却独创清淡、渲染的水墨山水画，是大家公认的水墨画鼻祖，对后世影响深远，有"文章冠世，画绝千古"的美誉，后人尊他为南宗之祖。

北宋文学家苏轼赞美他："味摩诘之诗，诗中有画；观摩诘之画，画中有诗。"苏东坡本身也是书画家，所以看画、看诗的眼光，与王维"有志一同"。可惜王维的画作多半已经遗失，今日所见乃为仿作。

王维的山水画多以雪景为题材，花卉和人物画也颇杰出，但他是个有创意、有风格的艺术家。他不理会时节，不同季节的花也可以画在一起，最著名的是他画过一幅令当时的人难以想象的《雪中芭蕉图》。

我们知道芭蕉生长在温暖的南方，雪则会落在寒冷的北方，可是王维把它们画在一块儿，而且用水墨的方式画，简练奔放，很空灵，极具美感。画成之后，立刻震惊整个画坛，明明是实际上所无，却又美得令人难以拒绝。这跟写实派不一样，画家王维追求的是一种意境,一种美的探索,一种诗的况味。

所以王维的诗和画是分不开的,难怪苏东坡说他"诗中有画,画中有诗"。他所描绘的景物,是诗也好,是画也好,全都融合为一体,情感也充满在其中。《竹里馆》这首名作,就是一个例子。

── 王维 ──

《竹里馆》

独坐幽篁里,

弹琴复长啸。

深林人不知,

明月来相照。

 我一个人坐在幽深的竹林里,一边弹着琴,一边高歌。在夜深的林子里,没有人知道我,但我并不寂寞,只要山间明月时时照拂着我,这样就足够了。

幽篁、深林、明月,都是自然之景,独坐、弹琴、长啸,则是人的动作。这些意象分开来看,平淡无奇,但融在一个画面中,却美好而有意境。他在林中独坐,不急着找人陪伴,自己弹琴,高声吟啸，享受孤单，一点都不觉得寂寞，而明月恰似一个知音，从云层后探出头来，温柔地笼罩住诗人。王维并不在世间寻求他人的理解，因此他选择在幽静的竹林里，安静的独处，虽然是一种"人不知"的境遇，却与自然达到了更和谐的交流。

诗中的自得其乐与闲适悠然、平淡清新，蕴含着特殊的艺术魅力，美得像一幅画，也让我们体会了"天人合一"的至高境界。

另一首《鸟鸣涧》，场景也是夜晚。

—王维—

《鸟鸣涧》

人闲桂花落，

夜静春山空。

月出惊山鸟，

时鸣春涧中。

我闲坐在林中，看见了桂花轻轻飘落，春天的山夜显得一片空寂宁静。突然间，明亮的月光惊醒了沉睡的山鸟，使它们以为天亮了，不时在春天的山涧中鸣叫着。

地点是一座春天的山，山中无人，十分幽静，所以称为"空山"。有的桂花是在春天开放的，细小的花儿悄悄落下，但心中闲适的人，连这样微弱的声音也听得见。春天的夜山，是如此空旷、幽静，此时他却笔锋一转，说因为月光太亮，把沉睡的鸟儿照醒了，被惊扰的鸟儿们以为天亮了，鸣叫起来，于是一处传过一处，在春夜的山谷、溪涧中，不时回荡着。

全诗描写春夜的宁静，如诗如画的春山之夜，有闲适自在的人，有飘落的桂花，静静的山林伫立，皎洁的月光照射，画龙点睛的"惊"字，带领我们进入山鸟飞起、鸣叫于涧流的景致，整幅春山夜色图活起来了，成了3D立体动画。

在泉上见到月光

在唐朝大诗人中，王维算是仕途顺遂的，但几度政坛的得意与失意，让他渐渐对当时的官场感到厌倦，却又无法决然离去。加之他三十岁左右丧妻，不曾再娶，又信奉佛教，青年时居住山林，颇好田园生活，于是从四十岁起，便开始了亦官亦隐的生活。

不久，提拔他的宰相张九龄、好友孟浩然相继去世，他感伤日增。年过半百后，已是杨贵妃得宠、朝廷小人当道之时，他适时购得宋之问在蓝田荒废的房子，精心修建，是为"辋川别墅"。他与表弟及好友裴迪悠游其中，赋诗唱和，白日仍然上朝，直到安史乱军攻陷长安，他被安禄山软禁。

辋川

辋川，即辋川镇，位于陕西蓝田县。这里青山逶迤，峰峦叠嶂，海拔约六百至九百米高，山谷绵延有二十里。地势虽不算太高，但地形特殊，很多小溪注入欹湖，就像车子的轮辋一样，故名辋川。辋川有二十处奇景，像白石滩、华子冈、竹里馆、鹿柴寨等，很多都成了王维的诗名，他还画了精妙优美的"辋川图"。

王维与裴迪在终南山辋川别墅作诗唱和，以此为乐之余，更常登山拜寺，也曾夜宿竹林石洞，听着山泉入眠，自在悠游于山野之间。他在辋川别墅时期的诗作，将山水田园诗风推到了更高的境界。其中有一首很有名的《鹿柴》："空山不见人，但闻人语响。返景入深林，复照青苔上。"鹿柴寨是辋川二十奇景之一，也是养鹿的地方，本诗描写的便是鹿柴寨一带傍晚时分的幽静景色。一开头便是看不见人的空山，但可以听见人讲话的声音，若有似无的。而返照的日光穿透林木深处，又映照在青苔上。青苔原本生长在阴暗的地方，可是被太阳一照，好像突然间有了生命。光线照到哪里，哪里便亮了起来，这就是王维的诗，掌握住光影的变化与移动，看见大自然悠悠的生命力。

接下来这首跟秋天有关，也是王维登峰造极的代表作，更是唐诗中的山水名篇——《山居秋暝》。

王维

《山居秋暝》

空山新雨后,天气晚来秋。

明月松间照,清泉石上流。

竹喧归浣女,莲动下渔舟。

随意春芳歇,王孙自可留。

寂静的空山中,刚下了一场雨,到傍晚时,天气湿凉,增添了许多秋意。皎洁的月光从松林间映照过来,清澈的山泉潺潺地在溪石上流淌。我走过竹林时听见了喧闹声,可能是黄昏时洗衣裳的女人们都要回家了。又走过水边,发现莲花、莲叶都摇动着,应该是捕鱼的人完成了一天的工作,也准备下船回家了。尽管春天的芳草早就干枯了,但这儿的秋景很美,出游在外的贵族子弟,不妨多停留啊!

"暝"就是黄昏,描写他山居岁月的秋天黄昏景色。再一次以"空山"开头,可见他住的地方真是少有人迹,十分寂静。因为空,便显得辽阔了。刚下过一场雨,雨停后,山里的空气有着花草树木被雨水润湿之后的气味。温度也变得凉爽了,本来没有那么强的秋意,经过一场雨,蓦然发现秋天已经来了。在这样的秋日傍晚,"明月松间照，清泉石上流。"这是时间的流动，从黄昏到夜晚，明月的照射，连泉水的流动也能清楚看见。

在视觉的灵动之后，诗人用听觉写人的活动。他听见竹林里的声音，因劳作而疲惫的女人，浣洗的工作结束，结伴回家的途中，欢快地喧哗着。而他的双眼依然保持着敏锐，看见莲花的摆动便知道那是渔人捕获之后，纷纷从船上下来，准备归家。山居的生活是这样的规律，又是这样的安适愉悦。春夏时的花都已经落尽，替换了季节，但这山里还是有这么多动人的时刻，令人流连忘返，所以王孙贵公子们啊，如果喜欢，不妨在此逗留。

与其说这是一首宛如图画的诗，将山中景象写得令人向往，不如说，这首诗主要表达的是一个"闲"字。人的心闲适了，不再被时间追赶，不再被功利操纵，才能看见天地之间极细微的变化，才能领略不落言诠的美。这是王维的追求，只能在田园之间发生，他的诗笔也为我们创造出这样一个使人留恋，却很难到达的美乐之地。

坐着遇见一朵云

王维另一首相当知名的五言律诗《终南别业》，则充分表达了他喜好佛法、想离开官场，回归自然、隐居山林的心情。

—王维—

《终南别业》

中岁颇好道,晚家南山陲。

兴来每独往,胜事空自知。

行到水穷处,坐看云起时。

偶然值林叟,谈笑无还期。

中年时,我就颇喜爱佛理,晚近更隐居在终南山边。兴致一来,我便独自漫游,快意的事也就只有自己才能领会。我沿着水流闲步,不知不觉走到了尽头。那就自在地席地而坐吧,可以看到脚下的云雾升起,美丽又变化万千。我偶尔也会碰到林中的老人家,便和他开心地谈笑,谈到都忘了回家。

"终南别业"就是他的辋川别墅,第一句他就讲自己中年后喜欢修佛法,已不是"咸阳游侠多少年"的岁月了,这里的"道",指的是佛法。南山,指终南山;"晚家"就是晚近,指的是最近的意思。他五十多岁时,把家搬到终南山边去了,每次心中涌起一些念头或感动,就独自出门。他是个不惧怕孤单的人,唯一的遗憾,是看到很美的风景或快意的事,却只能自己感受,无法跟别人分享。这也算是到达了万事了然于胸的洒脱境界,唯有自己能够心领神会,却不觉得寂寥。

接下来就是流芳万世的名句了,"行到水穷处,坐看云起时"。他顺着水流走,走到没有水流动的地方,已无路可行了,一般人可能会急着找出路,突破现状,而他却干脆坐下来,心平气和地看云从脚下慢慢升起。这自然是住在山上才会有的景象,却也象征着面对人世间的险阻坎坷,不见得一定要有所突破,山穷水尽之处,往往能产生另一种生机与希望。

随着水向前走,就像是顺随着命运向前行,无路可行,也是命运,与其沮丧或躁动,不如顺从命运,接受现况,或许能看见平常看不见的景象。王维的人生际遇,似乎就浓缩在这十个字中,充满了佛理的禅意。

正是因为随遇而安,在林间遇见一个老人,也可以谈笑得很开心,忘了回家,忘了一切。这是一种看来好像很孤独,实际上是很满足的生活状态。一个人能享受孤独,遇见别人也能很高兴地聊天。用现在的眼光来看,他是一个乐观的人,比陶渊明还乐观一点,因为陶渊明还得忍受现实生活的困窘,为自己与家人的绝粮而烦恼,王维显然没有这样的问题。

凝碧池上的哀音

王维在朝为官时，人缘非常好，从皇帝、公主，到后来的叛军首领安禄山都喜欢他。可是世间没有永远的完美与顺遂，当"安史之乱"发生的时候，他受到非常严重的打击，甚至一度陷入难堪之中。白居易的《长恨歌》写道："渔阳鼙鼓动地来，惊破霓裳羽衣曲。"安禄山来得太快了，惊天动地地攻陷洛阳、长安，玄宗皇帝来不及充分准备，只能仓皇带着一些比较亲信的妃子、臣子连夜逃往蜀地。而大部分臣子根本没有接获通知，不知道皇帝已经逃跑。王维与许多臣子仍排着班去上朝，却赫然见到，坐在龙椅上的不是皇上，竟是安禄山。

安史之乱

唐玄宗因宠爱杨贵妃，荒废国事，而将大权交给杨国忠，则使国势更加腐败虚空。

天宝十四年十一月初九（公元755年12月16日），身兼范阳、平卢、河东三节度使的安禄山联合契丹、突厥等组成号称二十万的大军，以"忧国之危"、奉密诏讨伐杨国忠为借口，在范阳起兵。参与者还有另一位守边大将史思明。天宝十五年（公元756年），

他们占领长安、洛阳，玄宗狼狈出逃，至马嵬坡六军不发，只得处死杨国忠，赐杨贵妃自尽。

安禄山进洛阳之后，当了两年皇帝，被自己的儿子安庆绪杀死。史思明得知安庆绪也想杀他，便带兵降唐，而后又反叛，杀安庆绪自立为帝，最后因其子史朝义发动兵变而遭杀害。公元763年2月17日，史朝义无路可走，在林中自缢。至此历时七年又两个月的安史之乱结束。

这一场因安禄山、史思明起兵的叛乱，使得唐朝元气大伤，由盛转衰，也使唐朝进入了藩镇割据的时代。

安禄山建立了伪燕政权，以洛阳为都。至于未及逃跑的官员，不顺从的便杀，其余的都俘到洛阳，连两京梨园子弟也集中到了洛阳。而不想这样死去，也不想当叛军伪朝之官的王维，表面顺从，私下却吃药导致腹泻，称病而不上朝。后来安禄山发现这计谋，大怒，却又不忍杀他，便将他幽禁在菩提寺。

被软禁期间，他的好朋友裴迪常去看他，也把外面发生的事讲给他听。安禄山在西苑凝碧池大摆庆功宴，威逼梨园子弟奏曲作乐。而梨园里有位弹铁琵琶的乐师雷海青，趁距离安禄山最近时，怒目痛斥，并拿起铁琵琶朝安禄山砸过去，但失手了，被暴跳如雷的安禄山下令杀死。裴迪把故事讲给王维听，王维就写了一首《凝碧诗》，据说后来竟然因这诗救了自己一命。

王维

《凝碧诗》

万户伤心生野烟,

百官何日再朝天?

秋槐叶落空宫里,

凝碧池头奏管弦。

皇帝不在了,天下百姓悲伤难过,并且流离失所,必须在野地里升起炊烟。而朝廷百官哪一天才能再朝见天子呢?秋天的槐叶掉落在没有真正君主的空荡宫廷里,只听到那逆贼到现在还是每天寻欢作乐,要人在凝碧池奏乐给他听。

诗中暗写叛乱为百姓带来了灾难,虽然也描写了热闹的庆功场面,但弦外之音则是一首怀念皇帝的诗。不久肃宗在灵武即位,叛乱平定,回京兴师问罪,秋后算账。王维本将被斩首,后来跟随玄宗逃亡的王维之弟王缙,愿以自己的官位赎哥哥一命。有人更将已广为流传的《凝碧诗》拿给皇帝看,说王维心中是向着天子的,王维才被免去死罪,这时他都五十六岁了。不久之后,肃宗还让他复官,四年后再擢升为尚书右丞,一直到他六十一岁过世,后世因此称他为王右丞。

王维在盛唐诗坛独树一帜，描写退隐生活、歌咏自然风景的高度成就，使山水田园诗达到了高峰，在诗歌史上占有重要的地位。而他的诗作与人格特质相合，他的艺术风华造就了他的完美形象。

清诗句句孟襄阳

华人世界的孩子，除了李白的《静夜思》，最熟悉的应该就是《春晓》了。而这名闻古今，甚至连外国人都在吟诵的《春晓》，便是唐朝诗人孟浩然的作品。

孟浩然，襄阳人，后世又称他为"孟襄阳"。他是盛唐时期相当有名的大诗人，因未曾入朝为官，又被称为"孟山人"。他曾隐居鹿门山，是个洁身自好的人。虽曾意图求仕以展大志，没有成功，但不乐于趋承逢迎，便终身隐居。他是唐代第一位大量写作山水田园诗的人，并与小十二岁的王维共同开创山水田园诗派。孟浩然诗风清淡自然、不事雕饰，又韵味深长，在唐诗中自成一家。

相较于交谊甚笃的王维之经历丰富的人生，孟浩然的一生都在太平岁月中，因为身处开元盛世，且在祸害唐朝的安史之乱发生前，他就去世了。孟浩然终身没有做过官，因此从未经历官场的浮沉及污浊。如此的他，却能够诗名远扬，以至于同时代的大诗人都赞佩、倾慕他。

王维曾把他的画像绘在郢州刺史亭内，李白还有《赠孟浩然》一诗赞扬他的高尚情操，诗圣杜甫也有"复忆襄阳孟浩然，清诗句句尽堪传"之句。他死后，王维大哭，悲伤逾恒，并作诗怀念；且入土不到十年，文人们便已编妥他的诗集——《孟浩然集》，上呈典藏，可见多么地重视他。

田园派的孟浩然善于发掘大自然和生活之美，他其实也想一展大志的，却怀才不遇，因此在观赏山水漫游期间，"寂寞"之感已笼罩于身了。四十一岁那年，孟浩然写下《自洛之越》，记下了他远离洛阳前往江南一带的心情。

― 孟浩然 ―

《自洛之越》

遑遑三十载，书剑两无成。

山水寻吴越，风尘厌洛京。

扁舟泛湖海，长揖谢公卿。

且乐杯中物，谁论世上名。

就这样庸庸碌碌地度过了三十年的学习时光,却没能把书读好,也没能把剑练成。听说江南有着我所喜爱的山水,而在京都与洛阳的人情应酬已使我感到厌倦。驾着小船去游历五湖四海,让我与那些位高权重的大官辞别吧。我最享受的就是杯中的美酒,谁还在意世间的名声。

自从启蒙学习,便以进取功名为目标的诗人,至此似乎有了真正豁达的了悟,他明白自己的本性喜好自然山水,对人情的冷暖虚伪感到厌烦。四十而不惑的孟浩然,找到了最适合的生活方式。

而在游历吴越时写的著名绝句《宿建德江》,更是他将内在心境与外界景物交融的代表作品。

——孟浩然——

《宿建德江》

移舟泊烟渚,

日暮客愁新。

野旷天低树,

江清月近人。

我的船停在建德江中一个烟雾弥漫的沙洲上,天色渐暗,我孤身在外作客,又起了一些新愁。远望宽阔昏暗的平野,天好像比树木还要低;江水清澈,月亮倒映在江上,感觉与人好亲近。

此诗的画面感十分强烈,我们可以看到他的船泊在烟雾缭绕的沙洲旁,日暮时,不仅有飘然一身的孤寂感,而且还有新愁——刚刚产生的客居异乡的离愁。

接下来是对仗很美的写景名句,也是因果句:"野旷天低树,江清月近人。"平野宽阔,使得天地交界处显得暗沉沉的;因为水面清而无波,清晰的月亮才能陪伴着我。这些景色都是人在舟中才能看见的:比树林更低的天空,仿佛伸手就可触及的水中明月。他意识到自己可以和自然更亲近,愁绪好像也减轻了一些。

寂寞关上了柴门

孟浩然年轻时怀着用世之志,四十岁前,希望凭借"终南快捷方式"入仕,四十岁后第二次参加进士考试,却不幸落榜。相传他好不容易因王维而有机会见到玄宗,却因《岁暮归南山》一诗中"不才明主弃,多病故人疏"中的"明主弃",得罪了玄宗,玄宗以为他讽刺自己埋没人才,孟浩然的仕途自此成为泡影，毫无希望了。相对于王维因一首诗救了一命，孟浩然一句诗就断送了做官的机遇。

总之，考试落榜后，他也感叹岁月不饶人，便决定回故乡襄阳隐居。而回乡之前，他写了一首《留别王维》，道尽因失望而决意隐遁的心情。

孟浩然

《留别王维》

寂寂竟何待，朝朝空自归。

欲寻芳草去，惜与故人违。

当路谁相假？知音世所稀。

只应守寂寞，还掩故园扉。

译文

参加科举考试落第后，家门前孤单冷清，我究竟还在等待什么？每天都孤单地回到寓所，又到底在这里做什么呢？京师已不值得留恋，我想寻求理想世界：归隐山林，惋惜的是要和好友你分别了。朝廷中虚伪的人多，有谁是可以依靠的呢？世上真正像你一样的知音，实在太少了。既然我不为人所赏识，就返回故乡的田园隐居，不再过问世事，寂寞地过日子吧。

他重新审视自己，如此孤寂无聊是为了什么？到长安求官是否值得？每天去高官府第拜谒，都失望而归，何苦呢？"芳草"指的是心中的隐居之处，他愁思满怀，最后决定离开繁华的京城，隐于山林芳草间，但也因此就要与故人分别了。

"当路谁相假？知音世所稀"，可看出他依旧对不得志有着怨言，认为虚伪的朝廷中，无人足以依靠，没有懂得赏识他的人。因为壮志难酬，他要回故乡关起门扉隐居，和寂寞相守了。因此，同样描绘山水，同样隐居，孟浩然的"初心"不同于王维。但像王维这样了解他的人，实在寥寥无几，因此他要去做白云隐士，最感挂心难舍的，只有老朋友王维了。

夫子热爱的生活

孟浩然离开京城，中途在武昌遇见了正在游历的李白，两人相谈甚欢。后来孟浩然启程回扬州，李白写下了《送孟浩然之广陵》："故人西辞黄鹤楼，烟花三月下扬州。孤帆远影碧空尽，唯见长江天际流。"这首世人吟诵于口的名诗，道尽了诗仙对孟夫子的不舍。

其实，孟夫子归隐了山林，重新过起他所热爱的生活，不也是一种福分？

孟浩然的山水田园诗，最知名的是《春晓》："春眠不觉晓，处处闻啼鸟。夜来风雨声，花落知多少。"这首小诗写出春眠初醒时的感官和情趣，真切反映了田园生活的清新。除此之外，最能代表孟浩然诗风的，莫过于叙写农家俭朴生活的《过故人庄》了。

《过故人庄》

——孟浩然——

故人具鸡黍，邀我至田家。

绿树村边合，青山郭外斜。

开轩面场圃，把酒话桑麻。

待到重阳日，还来就菊花。

老友准备好简单的家常饭菜，邀请我到他的农庄做客。绿树环绕着村子的景象立刻映入眼帘，远方青山由城外斜伸而过，真是恬静优美。打开窗，面对晒谷场和菜圃，我们边喝酒边聊农作物生长的情形。该离开了，但等到九月九日重阳佳节，我还要来你家赏菊花。

诗题为"过故人庄",有不讲排场的真挚友情,重点在田园风光及人物的互动。所以,他写庄外景色,有世外桃源的画面;写庄内宾主的把酒言欢、闲话家常,充满着生活情趣及知足的感觉。而古人九月九日重阳节有赏菊、饮菊花酒的习俗,他最后约定会再来相叙,留下想象的余韵,也反映出诗人对田园纯朴生活的热爱。

其中"绿树村边合,青山郭外斜""开轩面场圃,把酒话桑麻"两联,不仅对仗优美,还有画面与声音、颜色与空间的交互美感,含蓄有味。这种自然恬静、亲切简朴,正是孟诗风格,也成为令人向往的乡间美好生活。

孟浩然

《清明日宴梅道士山房》

林卧愁春尽,开轩览物华。

忽逢青鸟使,邀入赤松家。

金灶初开火,仙桃正发花。

童颜若可驻,何惜醉流霞。

译文 我高卧在林泉之中，忧愁春日将尽，因此赶紧开窗，欣赏美景，然后出门散步。忽然巧遇梅道士的青鸟使者，邀我到他的仙家做客。我看见他屋子里正在炼丹的炉子，火光映照着仙桃树上正盛开的繁花。倘若这儿真有朱颜永驻的流霞仙酒，便该好好畅饮一番，不惜大醉，直至喝到脸色红润得有如童颜啊！

孟夫子的田园生活反映在诗作中，常有人物出现，像是他农家的朋友或是山中道友。他在写清明那天应邀赴道士房舍宴饮的《清明日宴梅道士山房》诗中，虽然开句就点出"愁"字，但愁的可是春日将尽，青春短暂啊。诗人赶紧打开窗户，观赏暮春美好的景物，然后出门散步，好好把握春光。

青鸟本是神话中西王母的使鸟，这里用来代替梅道士派来的使者。他又以传说中的仙人赤松子，来指梅道士。接着描写道家炼丹的炉灶——金灶，火光晕染了室内，和桃树上正盛放的桃花相映照着。最后搬出了传说中的流霞酒，来强调倘若真有可以让人青春永驻的仙酒，那么不惜大醉一场啊！

全诗循序渐进，句句相扣，结构极为扎实；且文字不工雕饰，清淡简朴而有味。也就是说，读孟浩然的诗，要特别注意他讲述平淡生活下的超妙情趣，我们可以从此诗读到他对自然景物的爱好，对山居友情的珍惜，及对韶光易逝的感叹。最后，流霞仙酒与归隐生活巧妙地结合，言外之意是，能够与隐修好友在这山林之中畅饮，脸醉得像孩儿般红通通的，其实也算回春了，深有自得之趣。

自然风华，余音袅袅

王维和孟浩然这两位齐名的好朋友，自然有着"山水田园"风格的共同点，但从他们的诗里，还是可以找出一些差异。

大致上是王诗高妙，呈现享受孤独之感，各种体裁无不精到，且皆为上乘大作；后期的山水田园诗，更呈现出情景交融的闲适与恬静，意趣十分高远。而孟诗则轻淡自然，语言简纯，呈现朴实的隐逸情趣，更反映了田园生活的亲切气息与清新之美，往往耐人寻味。

两位诗人深受唐代文人赞赏，树立了芬芳品格及田园派诗风，艺术魅力对后代也产生了莫大影响，是十足的风华永流传。

紧紧接在盛唐田园自然诗派之后，不可被忽略的两位诗人，是中唐前期的刘长卿与韦应物。许多孩子很小的时候，就能背诵"苍苍竹林寺，杳杳钟声晚。"这里面有着图画一般的风景，还有着叠字念诵时的迷人腔调，这首《送灵澈上人》便是刘长卿的代表作品。

刘长卿

《送灵澈上人》

苍苍竹林寺，

杳杳钟声晚。

荷笠带斜阳，

青山独归远。

那一片苍绿色的树林后，便是竹林寺，向晚时刻，传出阵阵钟声。我的朋友灵澈背着斗笠，披着夕阳余晖，朝向青山的方向，一步步地走远了。

  刘长卿是开元年间的进士，因为个性耿直刚烈，仕宦之途并不顺遂，甚至两度因为冒犯皇上而被贬谪。心中的理想不肯轻易放弃，现实的挫折又那样沉重，诗人于是将双眼转向了自然的景物，他从山林溪谷间看见自然的规律，心中的躁动和痛苦渐渐平息了。

  灵澈是中唐时有名的诗僧，本在会稽的云门寺出家。此诗中写的是他与刘长卿相见之后，独自一人回到歇宿的竹林寺。刘长卿当然是红尘中人，当时已经在宦途失意困顿了十年，令他烦恼的都是世俗琐事。他或许是羡慕灵澈的，或许刚刚共度了一段乐而忘忧的时光。而此刻，灵澈离开了，也就意味着，刘长卿又是孤独的一个人，那些红尘纷扰之事，将再来纠缠。

这是一首送别诗,眼中所见的色彩,耳中听见的声音,都形成了朋友出尘超凡的形象与气质。虽然仅是灵澈挂单暂住的寺庙,竟也充满灵气。而刘长卿长久专注地凝望着朋友离去的身影,也显现出依依不舍的离情。

这首诗因为叠字的使用,又因为是首短小的绝句,常常成为孩子最喜欢背诵的一首诗。等到他们年纪渐长,才能明了其间的寂寞与孤独。

如果《送灵澈上人》这首诗呈现的是夏日景色,那么,《逢雪宿芙蓉山主人》就把冬季寒夜的苍茫况味描摹得非常深刻,像是一幅水墨画了,而且还是一幅听得见声音的画呢。

《逢雪宿芙蓉山主人》

刘长卿

日暮苍山远,

天寒白屋贫。

柴门闻犬吠,

风雪夜归人。

译文 日落之后,暮色从四方掩来,山的距离更远了。天寒地冻,使得这幢白色的屋子增添了贫寒之感。夜深时听见柴门外传来一声声狗吠,原来有比我更晚才来投宿的人,正穿过风雪而来。

这幅画的底色是一片茫茫大雪,当天色愈来愈暗,山便愈往远方退去,天地显得更为辽阔,行路也就更艰难了。试想:什么样的人会在这样霜雪满天的暮色里行走呢?应当是个天涯沦落人吧。在这沦落人的眼中,今夜投宿的地方也显得单薄凄凉了。经过了一整天的行路,好不容易稍稍安顿下来,正当这沦落人准备安睡在更深的夜里,突然被狗叫声惊动了,这才知道,原来还有人比他更奔波劳碌,直到此刻才找到安歇的地方。

这首诗原本都是静态的描写,到了第三句,狗的叫声仿佛打破了雪夜的宁静,静中有动,以听觉来拼凑门外发生的事,而出现了很有意境的第四句,也让诗人得到些许安慰。人生在世不如意,多险阻,多风波,这样的困厄却不是诗人独有的。在风雪之中,永远有无法休息的人,在深深的夜里,忍受着刻骨的寒冻,为生活而奋斗。

和刘长卿的刻苦自励相比,韦应物(737—792 年)真可说是少年得志的浪荡子了。他生在显赫的官宦之家,十来岁就成为唐玄宗的近侍,陪伴皇帝游猎、饮宴,深得恩宠。也因为这样,

满山落叶,
涧水潺潺

养成了他仗势欺人、不可一世的心性。他在乡里横行霸道，为所欲为，就算是犯了法，被人告发，官府来到他家门口，也无可奈何。在他看来，这个世界就是他的游乐场，由他尽情享乐，没有拘束，也没有阻碍。

然而，巨大的变动终究还是发生了。安史之乱爆发，玄宗出逃，韦应物的靠山骤然崩塌。他必须面对这个世界原本的样子，一切都不同了。瞬间，他从天堂被贬回了人间，而且是一个战乱的、困苦的、无所凭借的人间。

在十九岁这一年，他回到了地面，踏实地进入太学读书，尔后三年，玄宗去世，他尝到了被冷落、被排斥、被欺凌的滋味，这也让他的人生与思想发生了根本的转折。生活原来是如此艰难的事，人的存在又是为了什么？他的官运始终低迷，身体健康也日益损耗。于是，他成了一个修道人，宗教信仰安慰了他。在与其他修道人的交往中，他一步步走进大自然，在这最佳的疗愈场寻找内心的平静与超脱。

韦应物最欣赏的是陶渊明，欣赏陶渊明真正的淡定自若，他自己的诗作与心境，也渐渐走上陶渊明的路。他发觉人们的苦恼都是因为"欲望"而起，抛弃了欲望，才能获得自由。他四十二岁时因病辞官，住到精舍中，身边只有简单的日用陶器与一床棉被。他整天诵读道家经书，与修道的朋友书信往来，或是聆听大自然的天籁，便感到无穷的乐趣，乐不思归，根本不想再回返俗世了。

病好之后，他出任滁州刺史。滁州的全椒山上有他的道士朋友，他虽身在官衙，心却已经去到了全椒山。秋日寒凉的空气，让他牵挂起修道朋友清苦的生活，从涧水中取出的木柴，怎么能生火呢？传说中神仙煮食，延年益寿的白石，真的能让道士填饱肚子吗？他起了送上温热的一壶酒给朋友的念头，同时也很清楚地知道，隐身在萧瑟山中修道的人，是不会那么容易让人找到的呀。

韦应物

《寄全椒山中道士》

今朝郡斋冷，忽念山中客。

涧底束荆薪，归来煮白石。

欲持一瓢酒，远慰风雨夕。

落叶满空山，何处寻行迹？

今天我在官府的书斋中感到了一股寒意，忽然念起在山中修道的朋友。他应在山涧底打柴，将这些荆棘和木柴束起来，带回家去烹煮清苦的饭菜吧。我想为他送上一瓢酒，让他在有风有雨的夜晚，得到些许温暖。然而，这辽阔的山中满是落叶，我又该到何处去寻找他呢？

这首诗的特色,在于是据想象写成的。因为秋凉,于是惦记起朋友,进而想象朋友在山中富有诗意却略显艰难的生活,这想象令他激动了,令他想要有所行动,最终却又放弃了。韦应物也是修道人,他明白修道人最不需要的就是牵绊与执着。于是,他让想象就只停留在想象里,还给自己和朋友真正的自由。

韦应物的另一首代表作便是七绝《滁州西涧》,简直是一幅空灵的画,人人都知道它是好诗,却很难说出它的好处。

——韦应物——

《滁州西涧》

独怜幽草涧边生,

上有黄鹂深树鸣。

春潮带雨晚来急,

野渡无人舟自横。

我特别喜爱的是那些涧水旁幽幽的小草,茂密的大树上传来一声声黄鹂鸟悦耳的啼叫。春天的潮水总是澎湃的,若是下着雨,黄昏时分更显湍急。而在这人迹鲜至的渡口,有条无人驾驶的小船,被潮水推上岸,自在地横陈着。

这是一首视觉、听觉与意境俱全的小诗。看见涧边的小草，在水流的冲刷下依然努力地生长着，感动了诗人；看不见的黄鹂鸟依旧婉转地唱着歌，感动了诗人；春天的潮水到了傍晚仍然充满生命力，感动了诗人；那总是奔波的小船终于可以自在地停在岸边，感动了诗人。置身在充满生机的环境中，诗人是否也想像那条小船一样，找到真正可以栖息的岸边，自主的停泊？

韦应物的生命蜕变是很丰富的，当他进入官场之后，曾在《寄李儋元锡》诗中写下："身多疾病思田里，邑有流亡愧俸钱。"对于自己并没有把父母官的职责做到尽善尽美感到惭愧。从年少时的放荡不羁，到成年后的自省自勉，再到中年后的回归自然，从迷失到觉醒，他完成了一个"人"的生命道路。

人类本来就是自然的一部分，属于自然。因此，当我们亲近自然的时候，能够获得最多的能量与修复。可惜，太多的欲望与执着让我们忘记了自己本来的样子。永无止境的追求，令我们身心俱疲，烦恼无休。田园派的诗人以他们自己的经历，让我们看见了与自然和好，能够得到那么多的快乐与满足。

就像是在心中栖息着一朵舒卷的云，可以静止，也可以飞翔。

【创作模式启动】

模式一　《鸟鸣涧》的动静交叉

当心真正宁静的时候，才能对周遭变化有敏锐的观察。而"动"与"静"虽是相反的，却能互相衬托，因为人闲、心宁、山静，于是王维可以听到、注意到细小桂花的飘落。这在写作技巧上，便是用动态来描写静态，像我们常说"那一刻好安静"，其实还可进一步形容：安静到"连心脏跳动的声音都听得见"，甚至"连血液流动的声音都听得见"，这是动静交叉的夸张手法，能让人了解到底有多安静。而山鸟展翅和啼鸣的声音，在白天不足为奇，却因夜阑山静，听起来觉得特别响亮，也是一样的道理。

模式二　《过故人庄》的作文布局

孟浩然这首诗是现代记叙文最好的教材。首联相当于作文的第一段，写为什么去朋友家，而朋友跟他一样也是过俭朴生活的人。颔联描写他受邀到了农庄所看到的景物，有远景、近景的画面感。而颈联则简洁、充分地传达人物互动，吃饭喝酒、闲话家常，却让人强烈感受到宾主的情谊。到了尾联，也就是作文的结尾，道出了对于相聚结束的不舍与来日再聚的期盼。全诗架构完整，前因后果清楚，"人、事、时、地、物"都带到，并以"起、承、转、合"的结构，讲出了这次拜访的情形和感受。大家写作时，不妨借鉴一番。

模式三　"苍苍竹林寺，杳杳钟声晚"的摹色与摹声

有声有色的摹写技巧，当然是很有吸引力的，能令人印象深刻。刘长卿这首著名的送别诗，便用了"苍苍"两个字来摹色，写出一片青翠的山中，竹林随风摇曳，山寺也晕染上了绿色。而"杳杳"这两个字则是摹声，隔着一段距离，寺中撞钟的声音不可能听得太清楚，却是悠长的，似有若无的，让人想要安静下来，听得更真切些。不仅如此，"苍苍"与"杳杳"也是叠字，有着声音上的悦耳与和谐，利于记忆，怪不得许多年幼的孩子也能背诵得滚瓜烂熟了。

/座右铭/ 行到水穷处,坐看云起时。

　　人都会碰上挫折,很多时候觉得已到山穷水尽、无路可走的地步了,这时千万不要着急,也不要做出莽撞的决定。我们不妨坐下来,静下心来,给自己一段空闲的时间,说不定会有其他的人生启示或方向。

主题六

一望无际草原香——边塞诗

大唐就是不一样

哼完了悠闲的田园调，接着来唱激昂的边塞曲。在本篇中，可以认识好多唐朝雄壮威武、诠释情感丝丝入扣的独唱家，他们当然也慷慨激昂地唱出历史上别具一格的乐章。

唐朝是汉民族所建立的王朝中版图最大的朝代，李唐自建立以来，国力越发强盛，社会经济也日益繁荣，在此情形下，内地和边疆各族及中外交流极为密切，海纳百川的民族融合性更达到空前的境况，所以唐朝并没有"种族歧视"这回事儿，少数民族与外国人都能成为王公贵族或高级将领，日本人阿倍仲麻吕在玄宗时代当了许多年官，与李白、王维成为好朋友。那时的首都长安，富丽繁华，万国来朝，是每个人都想"朝圣"的都城，简直就是"世界中心"呢！

处于这种非常不一样的开阔氛围里，做什么都是大气磅礴的，文人的笔不仅记录了一切，更开创出新颖的、后代几千年也难以超越的文学风貌。

你能想象出这样的年代吗？同样描绘月亮，唐朝人写出的是像张九龄"海上生明月，天涯共此时"的无边广阔，李白"明月出天山，苍茫云海间"的雄浑气势。或是描绘大江大水，有李白的"飞流直下三千尺""黄河之水天上来"以及王之涣的"黄河远上白云间"的那种波澜壮阔，皆远远超越其他朝代。所谓的"大唐气象"，成为后人所向往的理想世界。

而在与众不同的"大唐气象"中，尤有"盛唐精神"，更是政治清明、经济与文化皆高度繁荣的时代标记，便是在这样的民族自信、社会高度参与下，百业蓬勃。唐朝人的心脏跳得比任何朝代都傲然，尤其是文人，他们的血脉积极跃动，几乎要跳起舞，发出声音来。

边塞诗，便是如此时代下的特殊产物。历朝历代不乏边塞、军旅文学，但从没有像唐朝发展得这般昌盛宏伟、气象万千。

边塞诗人真伟大

安史之乱前的唐朝，靠开疆拓土来扩大国家版图，所以虽然疆域辽阔，却也长期与边疆的吐蕃、契丹、突厥等民族征战。当时，许多文人的眼光穿过层层书架，投射在那些辽阔、奇异而陌生的土地上，他们向往着冒险与开创，热衷于亲身体验边塞军旅生活，于是慷慨从军，从戎而不投笔。

尤其盛唐时的玄宗给予边将的赏赐和升迁很具吸引力，更激励了文人见识异地风俗，施展才华，报效国家，在远离京城的边陲为国立功，种植官途"希望"，然后"英雄骑马壮，骑马荣归故乡"。到塞外从军成为一种风气，也是那个时代文人求取功名的另类出路。

这种社会历史背景，促进了边塞诗创作的空前繁荣，使之成为唐代诗歌的一朵奇葩、一支重要的流派。

整体而言，边塞诗的写作题材多为边塞风光、异族风土、战争场面，以及对军旅、人民艰苦生活的描写。在唐朝，当兵就是真的加入战争，随时会牺牲生命，因此这些边塞诗的内容相当写实，也抒发了诗人们的爱国情操、豪情壮志及其后对现实的不满。而即使叙写战争的血腥残酷，诗中仍多半洋溢着进取之心与远大抱负。

此外，出征带来的死伤和别离，后来也发展出反战思想及愁绪满怀的"闺怨诗"。

听听草原 大漠之歌

西北边疆大漠，风光奇美，有飞沙、冰雪、草原，还有火山……但若没有兵戎会更好。说到底，是战争使它凄苦，使它酷寒。出战日久的人，疲累无比，只想快快征服它，就可以凯旋归乡了。

其实直到现在，我们还能听到一些边塞流传的民歌，比方《哥舒歌》："北斗七星高，哥舒夜带刀。至今窥牧马，不敢过临洮。"就是在歌颂唐代具有突厥血统的大将军哥舒翰，说他总是带着一把刀巡逻，不管白天或晚上，只要有他在，胡人就只敢远远地窥探，绝对不敢越雷池一步。

还有一首北朝时候的乐府民歌，应该就是少数民族敕勒人写的，译成汉语来唱，叫《敕勒歌》，至今仍广受大众喜爱，因为它是非常经典的、快乐的大漠草原之歌。歌中不只有声音，还充满了画面感。

民歌

《敕勒歌》

敕勒川，阴山下。天似穹庐，笼盖四野。天苍苍，野茫茫，风吹草低见牛羊。

敕勒人生活在高耸阴山下的敕勒川，这里天野相接，天幕如帐篷一样笼罩着辽阔的大地。青天无边，草原无际，每当大风吹来，就见低头吃着绿草的成群牛羊，好一幅丰足景象。

看那"天苍苍，野茫茫"的感觉，天青得不能再青，草原茫茫无际，一阵风拂过，"风吹草低见牛羊"，是不是充满了单纯快活的味道？

这是游牧民族的生活，可以看到水草丰盛、牛羊肥壮；而那环境是"天似穹庐，笼盖四野"，多么空旷、壮丽、清澈，一点都不凄凉，即便在隆冬，也别有风味。塞外，就该是如此明朗豪爽。

热血游侠·政治家

盛唐诗坛很多人都写过边塞诗,像李白、杜甫、王维等,但"边塞诗派"则以高适、岑参为代表,还有王昌龄、王之涣、卢纶、崔颢、王翰等,因为他们就此题材大量地写作,且艺术成就与社会价值皆高,成为那个时代重要的诗人。

提到边塞诗,一定要介绍诗风雄健豪放,又带点浪漫性格的高适。

高适,字达夫,性格豪迈浪漫,能文能武,才名远播,有游侠之风。他与传统文人颇为不同,年轻时是个"拒绝高考的小子",不愿参加科举;二十岁后北上边塞蓟门,想从军建功,走出一条异于科举的文人路。然而满腔热血的他,并没有顺利找到那条路,只能一直在梁、宋间漫游。

游侠的生活是贫困的,他却洋溢着盛唐特有的、乐观进取的时代精神,而能和李白、杜甫游乐赋诗,也令他深感欢喜。近五十岁时,受推荐当了个小官,却因不屑拜迎长官,不忍压迫人民而辞官,有了壮志难酬的不满。

之后，他担任一代名将哥舒翰的幕僚，才开始施展抱负。我们可以从他著名的《塞下曲》，看出他为国效命的雄心壮志，也领会出那时的人争先恐后想到边塞去的盛况。

高适

《塞下曲》

结束浮云骏，翩翩出从戎。

且凭天子怒，复倚将军雄。

万鼓雷殷地，千旗火生风。

日轮驻霜戈，月魄悬雕弓。

青海阵云匝，黑山兵气冲。

战酣太白高，战罢旄头空。

万里不惜死，一朝得成功。

画图麒麟阁，入朝明光宫。

大笑向文士，一经何足穷。

古人昧此道，往往成老翁。

拉着浮云一样的骏马,我要从军出关了。因为敌人入侵,天子震怒;而我的将军十分威武,让我有恃无恐。战鼓隆隆,像雷一样打着大地;军旗飒飒,如火一般生出风来。硕大的太阳让我不禁放下手中的兵器,顷刻间,兵器却已爬满冰霜。到了夜晚,强弓高挂,对着月亮,仍无法安睡。青海云阵强压,黑山兵气冲天,我们不停酣战,努力向前,战罢后连旄头都掉了。我走了这么远的路,完全不在乎生死,为的就是希望有朝一日可以功成名就,进入汉代那种挂有功臣图像的麒麟阁和能够进谏皇帝的明光宫。我看到死守书本的人,总是忍不住想笑,他们只知道偏执于经书,拼命地考科举,不知变通,很多古人就是这样考到变成老翁了还是一无所成啊!

  《塞下曲》前四句,写他从军出征,师出有名,显现出这是一件值得向往的事。接着来到了边塞,军队气势强大,战场的画面无比壮观;而塞外开阔,气候冷峻,兵器在大太阳下也能爬满冰霜;还有军士战战兢兢,夜里也不得安眠的情况。"万鼓""千旗""日轮""月魄"两联,对仗精彩。接下来四句,描绘的是战争场面的壮烈。

  最后八句则表现出高适的理想和见解。他说这万里军戎路,已完全不在乎生死,为的是什么?就为"一朝得成功",有朝一日成为战绩显赫、辅佐皇帝有功的臣子,"麒麟阁"和"明光宫",就是身为人臣最大荣耀的象征。如此的期望,不免使他评论一般只会读书的文人不知变通,明明有其他的路可走,却往往读了一辈子书也没读出什么功成名就来,转眼之间却已年华老去,一生都蹉跎了。

此诗说明了高适对于文和武都可以贡献国家的独到观点，也显现出唐朝对武官的重视；更重要的是，此诗可以视为文人向往边塞的一种普遍而坦诚的告白，这就是他们为什么不做单纯知识分子而热衷于打仗的原因。

虽有这样的看法，但高适中年以后有机会回到京城，还是觉得不能只靠打仗，于是暂把"大笑向文士，一经何足穷"抛在旁边，发愤读书，最后考取了功名，这样的生命转折恐怕是他自己也想不到的吧。

高适中晚年的官途相当不错，尤其在安史之乱发生后，受到玄宗、肃宗的重用，连连升迁，官至西川节度使，后又任散骑常侍，世称高常侍。此时他不忘帮助许多当年跟他结交的朋友，如深为"老、穷、病"所苦的杜甫，所以高适除了气魄，还真具有侠士精神，他六十三岁病逝时，杜甫哀恸至极。

官运亨通的高适，一生优秀的作品却多作于北上蓟门和漫游梁、宋时，这段流浪的岁月尽管贫困且一事无成，却是他的创作极盛期。尤其蓟门时期的《蓟门行》五首，他实际观察了边塞士兵的生活，也歌咏战斗精神，例如："胡骑虽凭陵，汉兵不顾身！"曾出入战场且经历过穷苦浪游生活的高适，非常崇敬士兵的英勇，也同情士兵久戍不归的痛苦，所以他会用政治家的眼光去分析战略，反映问题，尤其勇于揭露将官腐败无能、恃宠贪功的现实。长篇代表作《燕歌行》中的名句"战士军前半死生，美人帐下犹歌舞"，叙写的便是这种情况。所以"君不见沙场征战苦，至今犹忆李将军"，在沙场征战多么艰苦，军民盼望早日平息战争却不可得，难怪大家至今仍怀念汉朝强将"飞将军"李广。

而他第二次出塞到蓟北的代表作之一《蓟中作》，描写了边患的严重，讽刺权贵阻挡贤才，抨击统治阶级的失策："岂无安边书，诸将已承恩。惆怅孙吴事，归来独闭门。"抒发了他安边壮志的失落、不满与悲愤，此诗也可说是天宝末年边境的实况写照。

总的说来，高适是一位思想深刻的现实主义诗人，实际参与了边塞生活与战争，成为一个见证者，却也对大环境感到失望与无奈。

豪侠的羌笛与梅花

写作题材多样，但现实主义多过浪漫主义的高适，写过一首《塞上听吹笛》，由边塞夜晚听到的吹笛声，流露出将士的思乡之情，是为边塞壮美浪漫名篇。

— 高适 —

《塞上听吹笛》

雪净胡天牧马还,

月明羌笛戍楼间。

借问梅花何处落,

风吹一夜满关山。

下过雪后,冰雪消融,戍守胡地边疆的战士们,赶着马群归来。在明亮的月色中,从军营中传来熟悉的《梅花落》曲调。我想问问这些"梅花"都落到哪里去了?想是和笛音一起被风吹着,一夜之间洒满了关山了吧!

"月"和"雪",是边塞诗里最常被形容的,此诗一开始就形容雪。他说下过雪之后,雪地散发着亮光,十分澄澈;而晚上月亮非常亮,一群人先听到塞外少数民族吹的笛子声,然后才指出在哪里听到的,在"戍楼间",也就是军营。接下来讲那笛声,江南乐曲里有一首《梅花落》,听到这样的《梅花落》音乐,他便问梅花会落在什么地方呢?或这曲调会落在什么地方呢?语义双关。其实没有人知道梅花会落在何处,就像没有人知道自己的明天一样。只见这笛声被风吹呀吹,吹了一整夜,整个关外山间都回荡着,如同朔风吹散想象中的落梅花瓣,一夜之间洒满了关山。

这首短诗把远离家乡的情感,不知道明天是什么的苦闷,以及大漠那种清澄、萧瑟的气氛,一一表现出来了。

除边塞诗外,高适也写了不少充满豪迈之气的动人诗篇,如《别董大》。

《别董大》二首其一

千里黄云白日曛,

北风吹雁雪纷纷。

莫愁前路无知己,

天下谁人不识君?

译文 下雪之前,日色昏暗阴沉,黄云千里布满长空;北风吹来,南归的雁鸟鸣叫,大雪终于纷纷飘落了。朋友啊,不要担心此去的路上没有知音,凭你的才华,世上有谁会不认识你呢?

这是一首赠别朋友的诗,对象是著名的琴师董庭兰。董庭兰排行老大,据说因琴艺高妙,后来受到宰相房琯欣赏。本诗开头便用白描手法写景,黄云遮天,与一般的白日不同,暗示送别的场景,整体是昏暗、寒冷与沉重的,呼应离别的心情,以及担心好友前去人生地不熟的远方。

但下两句有了转折的对比,一下子就变成了明亮、诚挚和开朗。他以恢宏豪迈的语调劝慰好友:凭借着才华,前路必定有知己,必能被天下人所知道、所赏识。诗人没有沉溺在别离的感伤之中,反而充满着信心和力量,其实这时的他仍在浪游、不得志阶段,如此激励好友,不免也有替自己打气的味道。

与一般的送别诗很不相同,这首诗没有凄清、徘徊、离泪,却豪放激昂,惺惺相惜,充满朴质率真的情感与信念,意境远阔而深厚,是相当鼓舞人的浪漫珍品。

敏锐新奇·艺术家

接着介绍边塞诗中相当独特的艺术家——岑参。

岑参,曾为嘉州刺史,世称岑嘉州。虽出身官宦世家,但父亲早逝,家道中落,他共三次出塞,一生中大半日子都在边疆度过,擅长写边塞风光及战争景象,以边塞诗与高适齐名,并称"高岑"。岑参说过"功名只向马上取,真是英雄一丈夫",也倾向男儿应立志在戎马沙场,但高、岑两人风格不太一样。

高适的边塞诗是豪放、悲壮的，比较重于表现战斗的激烈。岑参的则较具有浪漫色彩，他想象力丰富，善于写景，喜欢用新奇、飘逸的手法来描述边塞瑰丽雄奇的景色，塑造出一种独特的生活感受。色彩浓重、想象奇绝、热情澎湃，是创作的基本调性，使他的诗显得突出，令人印象深刻。

只见诗人大笔一挥，塞外狂风漫天、飞沙走石的恶劣环境，便鲜明生动、淋漓尽致地铺展在我们眼前了。这就是他杰出长篇代表作之一《走马川行奉送出师西征》所描绘的景象。

"君不见走马川行雪海边，平沙莽莽黄入天。轮台九月风夜吼，一川碎石大如斗，随风满地石乱走。""走马川""轮台"都是北方或西域地名，农历九月，也就是秋尽快要入冬时，在干燥又寒冷、毫无屏障的大漠，夜晚吹来的风，像是在怒吼一般的声势慑人。等到天亮，发现河水都已经干了，却见到河床上"大如斗"的碎石。这可不是鹅卵石，而是像暴雨后落在山路上的那种大石，令人心惊！但接下来他说几个人也扛不起来的大石头，竟然被风吹得满地乱走，这景象实在惊悚。诗人叙写难免夸张，但大漠里风的惊人气势，从而显现出来了。

接着他又写大漠的热，大漠到底有多热呢？《热海行送崔侍御还京》中提到"蒸沙烁石燃虏云"，那些沙子、小碎石都好像被放在蒸笼里蒸得热腾腾的，热到可以点燃天上的云。"沸浪炎波煎汉月"，而不只是沙，连水也很热，热到波浪都沸腾了，咕噜咕噜的，好像煮沸了一样，那样的热力可以煎煮月亮了。

把月亮当作荷包蛋来煎，又是别出心裁的夸张效果，让读者看到了奇异的想象力。能达到这样的效果，必须具备敏锐的观察力，而有敏锐的观察力和奇特的想象力，才能做出令人赞叹的描写。

除了非常热，大漠还相当冷，卢纶的《塞下曲》中"月黑雁飞高，单于夜遁逃。欲将轻骑逐，大雪满弓刀"，就描绘了塞外常积大雪的情况。我们再来看岑参如何描写"冷"。在他的代表作《白雪歌送武判官归京》中，有很直观的表现。

岑参

《白雪歌送武判官归京》

北风卷地白草折，胡天八月即飞雪。

忽如一夜春风来，千树万树梨花开。

散入珠帘湿罗幕，狐裘不暖锦衾薄。

将军角弓不得控，都护铁衣冷难着。

瀚海阑干百丈冰，愁云惨淡万里凝。

中军置酒饮归客，胡琴琵琶与羌笛。

纷纷暮雪下辕门，风掣红旗冻不翻。

轮台东门送君去，去时雪满天山路。

山回路转不见君，雪上空留马行处。

塞外寒冷的北风吹卷起来，把坚韧的白草都折断了，而才农历八月的秋天，竟已开始下雪。那大地景象，好似春风吹了一夜，开了千朵万朵雪白的梨花啊！事实上，飞散的雪花穿入了珠帘，在帏幕上湿冷地融化；就算披着狐皮毛裘，也不觉得暖，连锦缎的衾被都嫌单薄。气候实在太冷，镇守边都的将军竟然无法控制他的角弓，都护的铁衣也冻到穿不上身。浩瀚的沙海，冰雪纵横交错；黯淡的冬云，密布万里天空。我们在主帅营帐为你设宴饮别，还准备了胡琴、琵琶与羌笛，乐音悠然响起。而送你出去时已经黄昏了，仍是满天飞雪；大风吹掠着，辕门上的军旗却冰得动也不动！在轮台东门目送你离去，茫茫天山路已被大雪封盖，十分难走。山路曲折，转了几转后，你消失在雪地中了，只留下雪上马蹄踏过的痕迹。

农历八月塞外就下雪了，感觉相当凄清，但诗人突然来了个奇妙的转折——"忽如一夜春风来，千树万树梨花开"。他说这景象好像一夜之间吹来的春风，千树万树上白白的东西都像梨花开了一样，如此形容北国八月的雪，让人为之一亮，果真出人意表，雪封之地顿时美得春意无边，有了几分温暖。

这就是靠想象力的苦中作乐啊！脱离了想象，现实生活里，珠帘、罗幕都冷得湿答答的，狐裘、锦被再多也不够暖，甚至射箭的技术很好的将军也拉不开受冻的弓箭，而士兵的铠甲铁战衣，更是冻到很难穿上身。他进一步写冰雪如何纵横大地，接着才点出这其实是一个热热闹闹的饮宴送别场面，算是军中一小段的和平生活。在下着雪的黄昏，送客时看到强风吹过红色军旗，可军旗动都不动，因为结冰了,翻动不了。那白雪中相映的红,十分突出,显示了色彩的对比感。最后,尽管依依不舍,还是看着朋友留下马蹄印离开了,忧伤又加了一层。

这首诗不但生动地描写了边塞气候的冰寒和戍守的凄苦,还交织着诗人的离情与思乡愁绪,内涵丰富,意境鲜明而具感染力,正是岑参边塞诗强烈的艺术风采。

英雄也会失望,会想家

在《送李副使赴碛西官军》中,岑参化离别惆怅为豪放,写出"功名只向马上取,真是英雄一丈夫",说一生戎马、建功立业的李副使,是真正的大丈夫,而自己何尝没有那样的理想和壮志呢?如此豪迈激昂,正代表盛唐人的进取之心。

然而,岑参出将入相之路并不是一帆风顺的。奸相李林甫受到已耽于享乐、不问朝政的玄宗的重用,为了巩固自己的相位,李林甫增加驻军、征调民兵,却千方百计地阻挠文臣担任边塞要职,严防边帅立功被召入朝廷,这等于杜绝、阻断了读书人从军求仕这条路了。

许多文人大失所望,纷纷自问:为国出生入死,付出了这么多年,到底为了什么?情绪因而跌落下来,激昂的情怀,转而成为凄凉的声调。王昌龄说:"百战苦风尘,十年履霜露。虽投定远笔,未坐将军树。早知行路难,悔不理章句。"反映的便是后悔十年征戍未读书,如今被权臣断了将官之路。虽然不一定每个人都知道李林甫从中作梗,但边塞诗人们多互相往来,所以都敏锐地察觉到这条仕途的艰难了。岑参也很失望,"云沙万里地,辜负一书生""词赋满书囊,胡为在战场",认为自己满腹经纶,出塞从军却功名不成,于是提出了"读书破万卷,何事来从戎"的疑问和愤慨,后悔投笔从戎,应该去走传统但比较保险的科举之路。

这些文人贡献了十几年青春年华,受苦受冻、赴汤蹈火地为国家征战,却因为佞臣的私心而被抹杀一切,有多么不甘和沮丧?而皇帝,也不再是当初那位贤君了。岑参四十岁时在《日没贺延碛作》一诗中,更道出了悲凉与无奈。

岑参

《日没贺延碛作》

沙上见日出,

沙上见日没。

悔向万里来,

功名是何物?

> 看着无边无际的沙漠，太阳升起，太阳落下，日复一日，前路漫漫。心中忽然有了悔意，何以要离家千万里，辛苦地求取世俗的浮名呢？

他本想在边疆有所作为，希望却破灭了。这么多年，每天看着广袤无边的沙漠，日升日落，却仍长路漫漫，没有终点。"悔向万里来"，心头确实浮现了悔意，为何要千里迢迢地来到这黄天雪地里，求取世人眼中的功名呢？诗短而情意深远，感慨万千，也是他对自己一腔热血的叹息，叹息浪漫的理想和壮逸的豪气，都似过眼烟云了。

这也是天宝年间文人们普遍的心声，而李林甫、杨国忠等奸臣的出现，带来了重创唐朝的安史之乱，同时也是盛唐的终结。

长期驰骋边塞沙场，要受的苦实在太多了，除了气候、环境、死亡对身体的磨难，思念故乡和家人更是一种心灵的销蚀。岑参的《逢入京使》，就是摆脱高昂热情的真挚小调。

——岑参——

《逢入京使》

故园东望路漫漫，

双袖龙钟泪不干。

马上相逢无纸笔，

凭君传语报平安。

我在塞外向西征行,却频频回首望向在遥远茫茫东边的故乡。衣裳的两袖,因为常拭思乡之泪而沾得湿湿的,泪水也总是停不了。途中突然遇到要回京城的你,在马上互问寒暖后,我想修书却无纸笔,唯有请你替我捎个口信,向我的家人报平安。

远赴西域的他,在离家万里的路上碰到要东归长安的朋友,便立刻叙起旧来。说着说着,思乡热泪汹涌而来,英雄也是会想家的。而军旅生活行色匆匆,如此的偶遇之下,没有纸笔,也没有时间好好写封信,便请友人捎口信给家人,为自己报个平安。此诗叙事平凡,不加雕琢,情意却深厚,具有丰富的韵味。

边塞歌声此起彼落

除了"高岑"以外的边塞曲,有许多也是值得聆听的、传诵不绝的优秀作品。

首先是辈分较长的王之涣。王之涣,字季凌,最著名的作品是大小朋友都能朗朗上口的《登鹳雀楼》:"白日依山尽,黄河入海流。欲穷千里目,更上一层楼。"我们可以看出这首诗的气魄相当大,所以他的边塞诗肯定荡气回肠、雄壮有味。

例如这首《凉州词》(又名《出塞》),真是千古传唱。

王之涣

《凉州词》其一

黄河远上白云间,

一片孤城万仞山。

羌笛何须怨杨柳,

春风不度玉门关。

长长的黄河似乎远远流到白云之上了,高耸的群山中,只有一座孤城镇守着边塞。此时,羌笛吹奏起《折杨柳》的哀伤曲,何必抱怨杨柳不绿呢?因为催生万物的春风啊,从来不到玉门关的。

    他写"黄河远上白云间",这"远上"是由下往上,有着距离的纵深。黄河会流到哪里去?流到天上白云那儿去,因此还是以高度来形容黄河。而从汉朝起,只要出了玉门关,就是到了塞外,进了玉门关才算回到中土。"孤城"便是指当时的边防重镇玉门关。古时七八尺为一仞,万仞就是很高很高了,他用高空俯瞰的角度,描写孤城被四面八方险峻高山围绕的感觉,孤立、苍凉而雄伟,还背负着边塞将士的满腹情怀。此时传来羌笛声,而这羌笛声好像在抱怨:为什么春天到了,杨柳还不绿?这不是羌笛之怨,而是生活在苦寒之地的战士之怨:这里是永远没有春天的。

这是诗里的情调,然而也有人说是送别的曲子《折杨柳》勾起了边地征夫的离愁。尤有甚者,说这是比喻原本说好只要立功就升迁的朝廷,后来根本不关心塞外将士的生活,甚至切断他们的仕途,指玄宗最初对边将甚为重视,到后来竟然"春风不度玉门关"了。这与岑参等人当时的失望是一样的,但由王之涣写来,显得深沉含蓄,令人感伤,因为读出了诗里的多情、悲壮与苍凉。

相同的情形,又以性格豪放不羁、喜欢喝酒的王翰的《凉州词》最为典型,既歌咏着边关情景,又呈现出文人矛盾而复杂的心理。

王翰

《凉州词》其一

葡萄美酒夜光杯,

欲饮琵琶马上催。

醉卧沙场君莫笑,

古来征战几人回?

精制的白玉酒杯,斟满了西域盛产的葡萄美酒;将士们正想举杯痛饮,骑马的乐队立刻弹奏起上战场的琵琶乐音。唉!我若喝醉了卧倒在沙场上,请勿见笑啊,毕竟自古以来,有多少人能从战场上回来呢?

诗的前两句描写边疆特有的美酒与酒器，以及骑着马的乐队弹奏琵琶的情景，这是艰苦荒漠的一次盛宴。而下两句随即转到了战士的心理，文人走上离家万里的沙场征战，想有一番功业，但从军难免一死，也不知功名最终是否可以得到。面对生死难卜、前途无光，只有纵情痛饮，暂求一醉，且不惜醉卧沙场，相当苦闷与无奈。这首诗一完成，立即博得很大的回响，尽管历来解读不一，但它确实说出了当时从军求功名的文人们悲怆的心情啊！

王昌龄，字少伯，个性狂放，不拘小节，故数度被贬官。他创作丰富，以绝句传世，尤其擅长七绝，更以边塞、闺怨、赠别之作名闻遐迩。他的边塞诗音韵高亢、气势豪迈，因而有"诗家天子"的美誉。《从军行》七首向来被推为名作，写出了不少战士勇敢乐观的壮志豪情，也表现了征人的内心世界。

——王昌龄——

《从军行》其四

青海长云暗雪山，

孤城遥望玉门关。

黄沙百战穿金甲，

不破楼兰终不还。

青海湖的上空,浓云密布,使得雪山看起来暗淡无光。战士戍守的孤城,遥望并护卫着玉门关内的国土。身经沙场百战的将士身上,金属盔甲都被磨穿了,但意志丝毫未减,大家发誓不扫除外敌、取得胜利,绝不返回玉门关。

《从军行》其四,首两句即写出背景:青海湖、祁连山、孤城、玉门关,描绘了西北边陲山海连绵、地势极为重要的景象。宁静的气氛,潜藏着战斗的激烈和凶险。下两句则有了人的动作和丰富的心思,"黄沙百战穿金甲",身经百战的将士,再怎么艰苦孤寂,也会无畏地消灭边疆威胁,还许下"不破楼兰终不还"的誓言。"楼兰"在此意指西北边境的少数民族,诗里的御敌将士,英勇豪壮、情操高贵,直言保家卫国的坚定决心,读来不由得令人振奋与敬佩。

王昌龄还有一首后人极为推崇、明朝文学家李攀龙甚至称为"唐诗压卷之作"的《出塞》,非常具有历史感及触动人心的画面感。

王昌龄

《出塞》二首其一

秦时明月汉时关,

万里长征人未还。

但使龙城飞将在,

不教胡马度阴山。

那秦汉时代就已存在的月亮,照拂着秦汉时代就已存在的关塞。但这些跋涉万里去征战的无数将士们,却还不得返家。倘若当年镇守龙城的"飞将军"李广还活着,胡人的骑兵绝对无法这么轻易地越过阴山。

明明是唐朝的诗,却把秦朝、汉朝也拉进来,意指自秦汉以来,边塞战事便连续不断,无限感慨中,历史纵深便跳了出来。接下来讲距离,突然间,好像有一个文人站在秦、汉以来的关塞口眺望万里,他脑海中有一个历史画面重现:千千万万的人们长征远去,至今尚未归来。当然他们出塞不是为了送死,是以为可以得胜归来,可大多数人都一去不复返。于是诗人不禁要问:为什么让这么多人到战场送死?他感叹,如果那位"飞将军"李广还在世,"不教胡马度阴山",绝对不会让胡人这般耀武扬威,不让我们的战士如此络绎不绝地一去不回。

这是歌咏边塞的名诗,热烈赞诵了爱护兵士、骁勇善战的汉朝名将李广,准确地表达了士兵共同的愿望:由良将领导歼敌、巩固边防,使生活和平,不再有出塞亡命之事。但可怕的是,当权者没有识人的才能,只得耗费许多物资金钱,将一批批子弟送上战场,成为一堆堆白骨。全诗有景有情,意境高远,令人慨叹,引人再三沉思。

和平,应该是绝大多数人的愿望,边塞诗发展至此,也让我们听见了另一种思维:反战。其实边疆当时虽然有这么多的战争,这么多人去战场上博功名,但还是有人不以为然,陈陶就是如此。

陈陶

《陇西行》

誓扫匈奴不顾身，

五千貂锦丧胡尘。

可怜无定河边骨，

犹是春闺梦里人。

出塞征战的英勇将士，奋不顾身地誓死杀敌。但五千精锐尽出，竟然全都命丧胡地。可怜啊，这些战死且无人埋骨的将士们，仍然是深闺梦中思念着的人，因为妻子并不知道丈夫已经牺牲，成为无定河边的白骨了。

晚唐人陈陶的《陇西行》是一首很具代表性的反战诗。诗的前半部分，用精练的文字勾勒出激烈残酷的战争场面，我们看到出塞士兵的慷慨激昂、奋不顾身，结果"五千貂锦丧胡尘"，"貂锦"指的是穿着上好军服的精锐部队，五千人的性命就这么葬送在胡地了。而笔锋一转，后两句才是诗人要表达的中心思想。他说最可怜的是这些将士战死沙场了，妻子们却仍在深闺梦里思念着他们，不知道丈夫已死，根本是无人埋骨。那些散落在无定河边的骨骸，是母亲的儿子，是妻子的丈夫，是孩子的父亲，仍是时时被温柔惦念着的亲人啊！

此诗反映了唐代边塞长期征战，带给人民无限的痛苦与灾难，对广大战士寄予同情。男人绝望地死去了，女人无助地煎熬着每一天，读诗的人产生了深切的同情，于是不免要问：为什么要征战不休？战争的苦果总是百姓承担，究竟是为了什么？

　　另外还有曹松的《己亥岁》，也呈现相似的思想。这诗名和诗人听来或许陌生，但说到"一将功成万骨枯"，就如雷贯耳了，诗句比作者本身更具知名度。

曹松

《己亥岁》

泽国江山入战图，

生民何计乐樵苏。

凭君莫话封侯事，

一将功成万骨枯。

译文 现在连江南都被卷入战争里了，人民原本只能砍柴割草艰苦度日，如今连这种平凡简单的快乐也得不到了。请不要再讲打仗可以封官晋爵那种话了，每每造就出一个将军，其实是成千上万的士兵变成枯骨换来的。

这首诗的"泽国"指的是江南,自从安史之乱后,一向平静安乐的江南,也卷入了一次又一次的战乱,加入了血泪斑斑的"战图"。"樵苏"是指砍柴割草,他回忆起艰苦但单纯快乐的日子,而老百姓如何才能恢复到从前的生活呢?这话看似轻描淡写,却有着沉痛的情感。

曹松也不认同去战场上求取封官加爵,因为"一将功成万骨枯",每造就一个将军,实际上要牺牲多少无辜的士兵啊!"一将功成"与"万骨枯",对比强烈,显现出战争现实、残酷的本质,一针见血,蕴含很大的讽刺意味,也反映出诗人对将士封侯的另类观点。

寂寞空闺妇愁怨

大唐百业蓬勃,商业尤其发达,长年在外经商的人很多;而疆域辽阔,边境多战事,除了从军求仕的士兵,朝廷还须征调大批将士长期驻守。所以这两类人的妻子,不免夜夜寂寞,空闺独守。如此重大的社会问题,自然反映到文学作品中,于是产生了以女性观点抒发的"闺怨诗"。

"闺怨诗"中的翘楚,首推王昌龄最为著名的《闺怨》。

王昌龄

《闺怨》

闺中少妇不曾愁,

春日凝妆上翠楼。

忽见陌头杨柳色,

悔教夫婿觅封侯。

深闺中的少妇,不知道什么叫忧愁;在春天里化好妆,打扮得非常美丽,登上彩绘的高楼去享受一下美好的春光。忽然,她看到街头的杨柳枝叶茂盛,一片翠绿,韶光中,不禁觉得孤单,想起远在异地的丈夫,便后悔当初催他离家去求功名了。

王昌龄的闺怨诗,艺术特色鲜明而高妙。诗中那位不知人间愁苦的少妇,快快乐乐地打扮,去享受春日好景。然而,"忽见"两个字,就是很厉害的转折了,她忽然看见春风里的"杨柳色",杨柳随着微风轻摆,曼妙动人,而自己却在这美好时光里,孤独地虚度青春。一时之间,愁怨涌上心头,突然后悔让夫婿远行去博取功名了。

短短二十八字，却无闲语，掌握了少妇的矛盾心理，婉转曲折地运用春天之色——杨柳色作为见景生情的关键，丝丝入扣，简直通透了人性，使人读完仍觉余音绕梁，不愧是写出"万里长征人未还"的诗家天子。

另外一首是金昌绪的《春怨》，乃唐代女子春闺盼夫的名篇。

— 金昌绪 —

《春怨》

打起黄莺儿，

莫教枝上啼。

啼时惊妾梦，

不得到辽西。

我把树上的黄莺打得惊飞逃走，不让它在枝头上继续啼叫。因为它的啼叫声惊醒睡梦中的我，使我不能在梦中去辽西见到日夜思念的人。

一般人能在晨光的鸟鸣声中醒来，是幸福的，此诗一开始，就是一个生动但突兀的动作——"打"，打的还是小小的黄莺。为的是让它别再啼叫了，莺啼"惊妾梦"，把"我"惊醒了，便不能顺着梦中的道路，到辽西去见亲爱的丈夫了。这应当是个年轻的女子，懊恼而认真的表情，却引来旁人莞尔一笑。女子是天真的，也是痴情的，只要能在梦里见一见夫婿，就心满意足了。

诗人打破了一般的思考模式，句句因果，环环相扣，且层层递进。全诗用字精简，以女子口吻述说征妇的怨与望，没有悲情，倒有一点喜剧效果，是很难得的佳作。

站立在秦汉时代就建筑起来的，如今已经颓圮的城垛（防御工事）上，诗人感受到了那样的古老与苍茫；而一阵风吹动着大草原上的草浪，牛羊的身形似隐若现，诗人又感受到了无比的青春与热情。他们在边塞艰苦地生活过，看着许多战事惨烈地进行着，诗人们明白了，战争不管谁胜谁败，永远没有真正的赢家。

永恒的是大漠，是天上璀璨的星，是严寒的冰雪。其他一切，都只是过客。

【唐诗精妙解析】

模式一　《塞上听吹笛》的实与虚

前两句写实景，白雪、牧马、戍楼，那样的天，那样的月，然后羌笛声起，开启了后面的虚景——"借问梅花何处落，风吹一夜满关山"。仿佛风吹来的不是笛声，而是片片落梅的花瓣，四处飘散。这和李白"谁家玉笛暗飞声，散入春风满洛城"有异曲同工之妙，同样是将听觉可视化，但借由"梅花何处落"拆用的语义双关——《梅花落》曲调，可让读诗的人去联想，去领会，比起全部写实和直述要高妙得多。所以我们在写作时，若能布建"虚"的想象，就能将"实"推得更深、更广了。

模式二　《白雪歌送武判官归京》的触觉描写

皮肤是人们感知这个世界的重要媒介，当然应该深刻地描写了。塞外的酷寒气候，让诗人们拥有了不曾领会过的、崭新的触觉，于是，岑参的边塞诗便有了"散入珠帘湿罗幕，狐裘不暖锦衾薄"的触觉感受。寒冻逼人的冷空气散进珠帘，带着浓重的潮湿，又冷又湿，使人难耐，就算是穿上厚重又昂贵的皮袄，也不觉得温暖；一层又一层铺盖，还是抵挡不了寒气。虽然我们不可能到古战场，却可从诗中充分体会到了使人坐卧两难的严酷气候。这样的具体描写，是很有感染力的。

模式三　《闺怨》的婉转曲折

简单地说，这是叙述一个闺中少妇悔教夫婿觅封侯的故事，但写文章重视的是细节，一定要写一下缘由及过程，有转折更好。此诗的起句即带出不知忧愁的少妇，丈夫远行，她还能细心化妆，上翠楼去赏春景。然后，诗人兜了个圈子，转了个弯，在第三句才将思想情感一举推高——少妇忽见陌头杨柳色，这刹那间的、不经意的青春韶光，震撼了她，点醒了她，正是所谓的"触景生情"。这个"触"字，不仅是触碰，还要有触动，于是才会有结尾情感战胜理智的后悔。如此的起承转合、婉转曲折，正是文章动人的关键技巧。

/座右铭/ 莫愁前路无知己,天下谁人不识君。

一个人只要有真正的本事,那么到什么地方、去做什么事情,都会有出人头地的一天,有点李白"天生我材必有用"的味道。我们可以以此鼓励朋友,也为自己打气。

主题七 落花竟然如飞雪——时令诗

我随着络绎不绝的游人来到日本皇居之外，那个叫作千鸟之渊的赏樱名所。其实已经错过了樱花盛放期，但护城河上的水流，每个旋涡都是粉色的，细细碎碎的花瓣回旋在水面上。正当我低头凝望着，看得出了神，忽然，一阵风席卷而来，我听见四处响起的惊叹声，抬头便见到樱花花瓣被风吹落，一片片，轻盈的、明亮的，像温暖的细雪，扑面而下。

这就是所谓的"樱吹雪"了，又或是所谓的"樱花雨"。我在此起彼落的喜悦赞叹声中，想到了两句诗"春城无处不飞花，寒食东风御柳斜"。诗人韩翃像我一样伫立在桥上吗？也在皇居之外？这首《寒食》诗问世距今已有一千二百多年，古人怎么竟能将我眼前所见的景象描写得栩栩如生？我忍不住怀疑：这些来来往往的游人里，是否就藏着韩翃？

清明的雨，寒食的蜡烛

古代家家户户都按农历来计量时间，将一年四季分为二十四节气，也标示出"春耕、夏耘、秋收、冬藏"的生活规律。像是清明之后，便是谷雨，接着是立夏，再来是小满与芒种，而气候和农作物的生长，也确实是这样的有条不紊，这是老祖宗的智慧，也给了文人许多创作的灵感。

二十四节气

二十四节气的名称：立春、雨水、惊蛰、春分、清明、谷雨、立夏、小满、芒种、夏至、小暑、大暑、立秋、处暑、白露、秋分、寒露、霜降、立冬、小雪、大雪、冬至、小寒、大寒。

因为诗作而最为人熟知的节气，应该就是清明了，那同时也是一个节日。幼年时许多人都会背诵杜牧的《清明》，因为他用字简洁、通俗易懂，连小孩子也能明白。却正因为这样，这首诗的好处也往往被人忽略了。

— 杜牧 —

《清明》

清明时节雨纷纷，

路上行人欲断魂。

借问酒家何处有？

牧童遥指杏花村。

一到清明时节,雨水总是下个不停,走在路上的人们都有了深重的忧伤,难以消解。于是拦下一位牧童,向他打听:哪里能买到酒喝?牧童指引着远处开满杏花的村落,那美丽的地方便是酒家。

这首清明诗不仅是一首七言绝句,也是一个小短剧,出现的角色有诗人、路上行人,以及骑在牛背上的牧童。那是个下着雨的场景,这雨水带来了冷清寂寥,却还有着杏花与酒旗,在那似隐若现的远方,让诗人取暖,化解哀伤。我们当然也能听见对话,看见动作,向牧童询问酒家的诗人,热情地指引诗人的牧童,使我们揣测:当时的杜牧应该也是背井离乡的吧?看着别人祭祖扫墓,自己却飘零在外,这就更能明白他心中难以负荷的忧伤了。

古代与清明最靠近,极受重视的节令,应该就属寒食了。这是在冬至后的一百零五日,清明前一两天,人们不生火做饭,只吃生冷的食物,因此称为"寒食节",又称"禁烟节"。

这个节日的由来,有着一个令人悲伤的故事。那是发生在春秋时代,晋文公在建立霸业之前,曾是个被奸臣陷害、过着朝不保夕流亡生活的公子,叫作重耳。介之推辅佐重耳,对他不离不弃,甚至在粮食断绝、几乎饿死的危难时刻,割下股肉给他吃,救了他的性命。介之推做出种种牺牲奉献,为的不是求取荣华富贵,只是希望重耳能成为一个真心爱护百姓的国君。

后来重耳返国即位,成为晋文公,介之推则隐居绵山,侍奉老母。晋文公希望劝得介之推来朝中做官,用了许多方法,都不见效,最后竟然放火烧山。这位霸主显然错看了忠臣的心性,也低估了他的意志,介之推与母亲一同被烧死在一株柳树之下。晋文公愧悔交加,却也无可奈何,为了提醒世人火之无情,也为了忏悔自己的莽撞,更为了纪念介之推的受难日,便将这一天定为寒食节,严禁生火炊食。从君臣到百姓,一律遵守。

到了唐朝,杜甫写了吃生菜卷饼习俗的诗句"春日春盘细生菜",而我们直到现在仍有润饼这种清爽可口的食物,皆是寒食节的缘故。

"大历十才子"之一的韩翃,在寒食节那一天,或许刚吃过了润饼与生菜,闲步来到皇宫宫墙之外,看到宫墙畔的所谓"御柳",生长得那样蓬勃荣发,一丝丝绿意垂在风中,满城落花也飞舞在空中,完全是春的气息与情调。然而,寒食节家家户户都不能用火,但宫廷里竟然点起火烛来了。天还没黑,宫里就忙着分送蜡烛,而这些燃起的轻烟,还飘散到了皇亲贵戚家里去。

韩翃

《寒食》

春城无处不飞花,

寒食东风御柳斜。

日暮汉宫传蜡烛,

轻烟散入五侯家。

译文 春天里的长安城,落花无不随风飞舞,煞是美丽。寒食节吹着东风,皇宫的柳树袅袅地低斜着枝条。这一天明令不能生火、点灯,但皇宫却是例外,傍晚时分就忙着传送蜡烛,袅袅轻烟飘散到皇亲贵戚家中。

这首诗表面上赞美皇帝分享恩惠的仁德,也像是书写寒食节即景,却让我们想到"只许州官放火,不许百姓点灯"的尊卑差异。借由汉室皇亲宠臣的擅权,讽喻唐室当权者及贵族的自私、骄盛,完全不顾念老百姓的忧患与生活。

有趣的是,德宗皇帝相当喜爱这首诗,还因此诗钦点韩翃为中书舍人。究竟是皇帝没看出其中的嘲讽之意,还是君王也被这"春城无处不飞花"迷了眼?

七夕的流萤,中秋的月

入夏之后,天下有情人最注重的应该就是七夕情人节了。然而,古人是不过情人节的,对他们来说,七夕是女孩们向织女"乞巧"的日子,准备着胭脂水粉与各色丝线,乞求自己容貌美丽、女红精良。这一天,也是一家大小欣赏银河星光与纳凉的时节。

七夕的神话故事，大家都耳熟能详。这一对被天帝无情拆散的爱侣，分隔于银河两端，只能遥遥相望，却无法聚首。只有等到一年一度的七夕这一天，喜鹊飞来为他们搭起一座鹊桥，他们才能执手相见。他们见面时尽诉相思，也忍不住激动落泪，于是，七夕的晚上，常常会落下些许雨水。七夕雨，是异地恋人的相思泪呢。

晚唐诗人杜牧在《秋夕》（又名《七夕》）诗中，描绘的是一个年轻孤独的宫女，在这个夜晚的心情与活动，也可以看作"宫怨诗"的类型。

《秋夕》

杜牧

银烛秋光冷画屏，

轻罗小扇扑流萤。

天阶夜色凉如水，

卧看牵牛织女星。

译文　银烛台上的蜡烛，照在美丽如图画的屏风上，明亮的屏风在秋夜里闪着寒光。夏季的轻罗扇子用不着了，于是拿来扑着流动如星的萤火虫玩。宫中的阶梯那样高不可及，夜晚的空气凉得像水，索性卧倒下来，仰望着天上闪烁的牵牛织女星。

能被选入宫中的女孩,想来都是才貌双全的,她们有机会平步青云,受到君王宠爱,集富贵荣华于一身;她们也可能终身见不到君王一面,只能暗暗地虚耗青春,成为白头宫女。

杜牧写出了宫女生活的环境,银烛、画屏、轻罗小扇,这些都是富贵的宫廷物件。像个金丝雀一样被娇养着的女孩,看着烛光照映的美丽屏风,看着长长的阶梯,感觉到的是夜里空气如水般寒凉。她只好为自己寻找乐趣,扑萤火虫,卧倒草地上,仰望牵牛织女星。她也许羡慕着双星,心中有所爱,有思念的人,而她在这深深的宫闱中,何时才能得到幸福与爱怜?

八月十五中秋节,是个月圆人团圆的日子。唐德宗时期的另一位诗人王建,写过许多乐府和宫词,"三日入厨下,洗手作羹汤。未谙姑食性,先遣小姑尝",这首平易近人的小诗《新嫁娘》,便是他的名作。而他也创作过一首中秋诗,寄送友人杜郎中,这是一首怀人之作,却写尽了中秋的时令氛围与气候。

王建

《十五夜望月寄杜郎中》

中庭地白树栖鸦,

冷露无声湿桂花。

今夜月明人尽望,

不知秋思落谁家?

庭院被月光照射得一片莹白，黑色的乌鸦栖在树上，形成黑白的对照。露水冷冰冰的，在寂静无声的夜里，浸润着桂花。今晚这样好的圆月，人们都抬头仰望着，却不知因中秋而起的思念，将降临到谁家呢？

这首诗使我想起，曾经在杭州西湖畔度过的那个中秋，皎洁的明月将大地照射得雪白，树上栖息的乌鸦也能看得清晰明白。露重霜冷，一片寂静之中，能嗅到桂花潮湿的香气，仿佛是夜晚唯一的喧哗。伴随着秋而来的相思与愁思，就在人们举头望月的瞬间，被密密地笼罩了。充分使用感官效果，在视觉、触觉、听觉和嗅觉中，完成了一次专属的时令盛宴。

【唐诗精妙解析】

模式一　《寒食》的象征手法

所谓的象征，就是用具体的意象来表达抽象的概念，比方用"鸳鸯"来象征爱情，用"红豆"象征相思，用"鸽子"象征和平，用"背影"象征亲情等。韩翃诗中要表达的不仅是寒食节气或景况，他要讲的是在中央集权统治的环境下，贵族与百姓的生活有着天壤之别，这就是所谓的有特权。他只是在当时的社会中，用了一个巧妙的象征手法，将不公义的社会现实艺术化了。而我们适当地使用象征，能开拓想象，获取更多的共鸣。

模式二　《秋夕》的小小动作戏

诗中描写的常常是心中的感受，也就是所谓的内心戏。然而，太多的内心戏，会让场面显得过于安静，这就是动作戏应该上场的时机了。杜牧的《秋夕》这首诗，给人的感觉是青春而活泼的，主要原因就是小小的动作戏。像是"扑流萤"的这个"扑"字，这一扑，扑出了轻盈感；以及"卧看"的这个"卧"字，这一卧，卧成了孩子气，也让这首寂寂秋夜的小诗，添加了亲切可喜的气息。我们写作的时候，若能使用一些动作，有主动呈现的效果，就更能吸引读者的注意。

> **座右铭**
>
> 春城无处不飞花。

这座美好的春天的城里，处处都可见到随风飘散的落花。这样的美景，走到哪里都能看见，仿佛告诉我们，许多事情与感情，是不需过于执着的。

主题八 四季交响在诗里——季节诗

你听过交响乐吗？那真是一场华丽壮观的听觉与心灵的飨宴。通常，在较具规模的交响乐团里，有弦乐器、木管乐器、铜管乐器以及打击乐器。这四类乐器，恰好使我联想到春、夏、秋、冬四季的风情。有关四季的诗相当多，就像一首首八方而来、聚拢于心的交响乐。

四季的风，来自四个方向，春天吹的是和暖东风，夏天吹的是温熏南风，秋天是爽飒西风，冬天则是凛冽北风，就像《三字经》说的"曰春夏，曰秋冬。此四时，运不穷""曰南北，曰西东。此四方，应乎中"。季节与风向和地理，都是紧密联系起来的。

曲线提琴与鸟鸣

春天的第一滴雨水，落进冰封的坚硬大地，唤醒熟睡的种子。就像是我们聆听一把小提琴的拔高颤音，接着是中提琴、大提琴、低音提琴的温柔合奏，间奏则是喜悦的鸟鸣声。冰融日暖，万物生机勃勃，空气中充满生长的声音和苏醒的姿态，难怪诗人们多爱歌咏，都想捕捉明媚的春光。

除了大家熟知的孟浩然的"春眠不觉晓，处处闻啼鸟"，像杜甫的"迟日江山丽，春风花草香"，白居易的"几处早莺争暖树，谁家新燕啄春泥"、李白的"东风已绿瀛洲草，紫殿红楼觉春好"等，皆是春日名篇，读了动人，心中仿佛也开出了朵朵春季小花。

而南宋僧志南的《绝句》，更把春日出游带到了既简单又高雅的意境。

— 僧志南 —

《绝句》

古木阴中系短篷，

杖藜扶我过桥东。

沾衣欲湿杏花雨，

吹面不寒杨柳风。

靠岸后，我把小篷船系在参天的古树浓荫下，然后拄起藜杖，慢慢走过桥，向东边而去。绵绵春雨一路相随，像故意要沾湿我的衣裳似的，还带着杏花的芬芳；柔和的春风穿过杨柳，吹在我脸上，虽有些许凉意，却不像冬风那般寒冷。

僧志南是一位诗僧，善于写山居诗，也编过一卷《寒山诗集》。诗中说，他在渡船靠了岸后，便由藜杖撑着他，到桥东去散步，这时藜杖成了他的"好朋友"，体贴地"扶"着他，充满情意。而春雨细细绵绵，衣衫将湿而未湿，却夹杂着杏花的芬芳；春风穿过杨柳拂面而来，有凉凉的感觉，但又不像冬风那般刺寒。"杏花雨""杨柳风"，都是很感官的描写，雨中有杏花，风里见杨柳。僧志南虽是个出家人，远离红尘俗事，他的心却不枯索，充满了丰富的感受力。

南宋理学家朱熹，是理学的集大成者，认为"理"是物质世界的基础与根源。他十分称赞志南和尚的诗，也爱这首《绝句》，尤其是最后两句"沾衣欲湿杏花雨，吹面不寒杨柳风"。真是轻柔优美、鲜活生动，而且对仗完美，已成春诗的千古名句。

中唐的古文运动大家韩愈，是个思想家。他的想法与审美观与众不同，众人都歌咏春日的花与柳，他却独独钟情于小草，于是写下了这首《初春小雨》，这首诗又名《早春呈水部张十八员外》。韩愈也是著名的落榜生，三次落第却屡败屡战，最终考中科举。因为他个性耿直，官场生涯并不顺利，常常被贬谪。这一年，他已经五十六岁了，回到京城担任吏部侍郎之职，这是他一生中做过最大的官，心情上是比较闲适的，文字也就不那样雕琢险僻了。

韩愈

《初春小雨》二首其一

天街小雨润如酥，

草色遥看近却无。

最是一年春好处，

绝胜烟柳满皇都。

行走在京城的街道上,小雨落下来,润滑细腻如同酥酪。远远看着那一片绿油油的颜色,仿佛是初生的小草,走近一看却还没生成。这才是一年之中春光最美的时刻,远远胜过大家称颂的暮春时节,柳条茂密飘在风中,像烟雾那样的繁盛。

他用"润如酥"来描写早春的雨水落在肌肤上的感觉。被这样的雨水润泽的大地,焕发出幼嫩的绿色油光,仿佛是初生的细草,却仅只是仿佛。这是诗人对于一个美丽新世界的想望。后两句则又表现出韩愈的评论性格,他在诗中说理可比抒情拿手得多。于是他评定了长安城的春色等级,众人喜爱的柳树最茂盛的暮春,是远远比不上这万物初生而未生的早春啊。"绝胜"两个字,不但体现了韩愈的心态,更体现出他的霸气。

温暖气流在振动

木管乐器是将气吹进管中,使它发出振动,于是有了声音。那种悠扬的音调,有着振奋人心的效果,就像是夏天带来的感受。而晚唐高骈的《山亭夏日》,更可以说是古人歌咏夏季的代表作品了。高骈能文能武,据闻他可一箭射下双雕,号为"落雕御史"。这样有力的一双手臂,描绘夏日景色却是轻轻巧巧、无比温存的。

高骈

《山亭夏日》

绿树阴浓夏日长，

楼台倒影入池塘。

水晶帘动微风起，

满架蔷薇一院香。

夏天的白日很长，绿树枝叶茂盛，使得树荫十分浓密；也因阳光的照射，让楼台倒映在池塘水面上。阳光下的池塘晶莹剔透，仿佛一面水晶帘子；而帘子轻轻摇动，令人发觉原来是风来了。同时，也嗅到了院子里满满盛放的蔷薇花香。

  这首诗用各种感官描写炎热的夏季，不只是眼睛所见，还有触觉、嗅觉等，但最精彩的则是想象力的无限发挥。楼台的倒影映照在池塘上，那样清晰明亮，好像池里的另一个世界。风一吹来，池水一晃荡，宛如水晶帘一样。这时才意识到，风来了。同时，也嗅到了满架的蔷薇花香，这就是夏天的味道啊。蔷薇是夏天盛放的花，水晶帘动时有水的韵律感，水晶更给人冰凉的触感，在暑气熏人、烦闷气躁时，因为这首诗，我们感觉到徐徐的清风吹拂，淡淡的花香传送，而人就随着楼台倒影荡漾在水中。夏日的清凉，莫过于此啊！

高骈的夏日素描，美好清凉而芬芳，应当是最理想的夏日了。但夏日的酷暑难当，却又是另一种难以遁逃的煎熬。尤其古代没有冷气，连电风扇也没有，人们能冀望的就是一阵雨和一阵风，偏偏有时怎么等都等不到。

南宋的著名诗人杨万里在等不到风的夏夜，写下了《夏夜追凉》这首诗，到底在暑热逼人的夜晚，能不能追到那一股清凉呢？

—杨万里—

《夏夜追凉》

夜热依然午热同，

开门小立月明中。

竹深树密虫鸣处，

时有微凉不是风。

好不容易等到夜晚，却发现和日正当中的炎热相同。只好开了门，走出户外，伫立在明亮的月光下。不远处的竹林中栽种着茂密的树木，传来一阵阵虫鸣，有时安静地聆听着，虽然没有风，但竟也感受到一阵微微的凉意。

没有海风的调和，天地之间像个大蒸笼。蒸了整个白天，终于等到了夜幕低垂，却一点也没有降温的迹象。房子里实在待不下去，只得走到户外，听着树林里的虫鸣声一阵一阵。或许是因为静下心来，竟跳脱了现实的闷热，无风而心自凉，真切地感受到了空气中微小的气流旋转。这是心境改变了环境的夜晚，也成了一个理想的夏日了。

铜管乐器的色泽

古代战争常常发生在秋天，处决死囚也是在秋天，秋风一起叶落草枯。因此，人们总觉得秋天充满萧索肃杀之气。秋天属"金"，是金属，也是兵器，有杀伐之气。在四季的交响乐中，与铜管乐器倒是很相衬，像是落叶、黄花、枯荷，都很有铜的色泽与质感呢。

一般来说，秋天是寂寞、感伤的，因为即将进入冰冷、死寂的冬天，所以诗人大多喜爱写诗来"悲秋"遣怀一番。如李益的"惟将满鬓雪，明日对秋风"，王昌龄的"金井梧桐秋叶黄，珠帘不卷夜来霜"，都带着苦涩、寂寥与无可奈何。甚至宋朝女词人李清照都说："莫道不销魂，帘卷西风，人比黄花瘦。""销魂"是指心中十分忧伤，一阵西风吹过，女词人纤细的身影，因为相思的缘故，竟然比黄色的菊花还要消瘦呢。

然而唐朝诗人刘禹锡的《秋词》，独排众议，写出了"自古逢秋悲寂寥，我言秋日胜春朝"这样慷慨壮逸的句子。他认为秋天其实比春天更加美好，因为天空澄净，显得宽阔许多，空气也较清爽，也即所谓的"秋高气爽"，身在其中，的确惬意。

至于杜牧的《山行》，则在一片萧瑟秋风中，匠心独具地赞美秋景，甚至点醒我们：只要用心，生活里就一定可以找到令人感动的事物。杜牧特别擅长七律和绝句，举凡写景抒情、咏史怀古，意味都极深远。关于秋天，他的《秋夕》是大家耳熟能详的，也带有孤寂幽怨的气氛。但描绘诗人坐车行经山麓所见秋色的《山行》，便是很不一样的情调了。

杜牧

《山行》

远上寒山石径斜，

白云生处有人家。

停车坐爱枫林晚，

霜叶红于二月花。

沿着弯弯曲曲的陡峭石路上山去,在幽深山间和白云缭绕的地方,有几处房舍,他们也爱这样的美景吧!我停下车来,因为喜爱傍晚时分的枫林景色,看那些经霜的枫叶啊,可比二月的鲜花更加红艳美丽!

　　石头小路曲折蜿蜒地伸向山顶。辛苦地上了山,发现山上还有远离尘嚣、仿佛不食人间烟火的人家,想必他们也因为喜爱这景象,才会避居于此吧。经过霜冻而更显红艳、比初春二月的花朵更美的枫叶,有着动人心魄的美丽。"坐爱枫林晚"的"坐"字,是"因为"的意思,为了赏枫,他停下车来,流连忘返。

　　此诗文字精简,却将枫叶的形象表露无遗。枫叶不仅在颜色上红艳更胜春花,而且不怕霜冻,连性格都比春花更坚强,这是令他感动的事,也就产生了强烈的艺术效果。

　　至于与杜牧合称为"小李杜"的李商隐,也有一首将秋意与相思结合的诗,充满生活美感和趣味。

李商隐

《宿骆氏亭寄怀崔雍崔衮》

竹坞无尘水槛清，

相思迢递隔重城。

秋阴不散霜飞晚，

留得枯荷听雨声。

住宿在整洁的竹屋里，水畔的栏杆到了秋天也显得特别干净清爽。而对于好友们的思念，隔着一重又一重的城市，难以传递，却也无法消失。秋天的阴凉并未散去，到了黄昏又添了飞霜。水面上的干枯荷叶并没有清除，为的是等待落雨时聆听雨打枯荷的声音。

崔雍、崔衮两兄弟是李商隐的亲戚，也是好友，他们分隔两地，无法相见，所以彼此思念。李商隐当时居住在水阁上，水上的秋风特别阴凉，晚来霜降，更增添了不少寒意。而眼前所见，是水面上犹未拔除的残荷枯叶，那样残败飘零的景象，人们都不太喜欢，李商隐却格外怜惜，想要留在水上，谛听那雨水敲打着枯荷的叮咚声。这当然是一种特殊的审美趣味，也象征着已经远去的朋友，虽然不知是否还能相见，形影却永远萦绕在彼此心头，不离不弃。

飞雪敲打着屋脊

冬季里的飞雪，落在江上，落在屋脊，落在森林里，就像是无声的打击乐那样，因此，冬天让人联想到打击乐。冬天，可谓寒风凛冽，万籁俱寂，大雪纷飞，冷入心扉。冬日诗有不少名篇，比如唐代祖咏的"终南阴岭秀，积雪浮云端"写终南山雪景，柳宗元的《江雪》"千山鸟飞绝，万径人踪灭。孤舟蓑笠翁，独钓寒江雪。"描绘天地冷寂，并展现不怕严寒与孤独的昂扬斗志。

白居易的《问刘十九》："绿蚁新醅酒，红泥小火炉。晚来天欲雪，能饮一杯无？"则开头便是著名对句。红泥制的小火炉上，热着新酿好、表面还浮着淡绿色泡沫、尚未过滤的酒。而将要下雪了，正是饮酒取暖的好时机，便邀来访的好友一块儿喝杯热酒。充分流露出主人的温馨之情，平易自然，让人回味无穷。在冬季诗中，读到温度，读到色彩，令人感觉温暖舒服。

白居易也有不那么温暖的诗，比如冬夜的酷寒纪实诗《夜雪》，运用感官写出了浸入肌骨的寒冻。

白居易

《夜雪》

已讶衾枕寒，

复见窗户明。

夜深知雪重，

时闻折竹声。

一钻进被窝便感到诧异，枕头和被子的温度比想象中更寒冷，再看看窗户明亮得像白天似的，可见积雪已经很厚了。夜深时仍未睡着，知道此刻下着大雪，因为雪的重量压断了竹子，时时听见竹枝折断的声音。

我们都有冬夜里进入被窝后猛打寒战的经验，诗人已经意识到被窝里的冰冷触觉，想不到实际温度仍超出他的想象，一个"讶"字便有着惊奇的效果，这是个不寻常的夜晚啊。接着又用视觉进一步探索冷的信息，窗外这么明亮，必然是积雪很厚的缘故。再用听觉来补充，被雪压断的竹子，不断发出声音，在幽静的夜里，格外清楚地传来。落雪是安静的，原来也很喧哗。

北宋诗人杜耒的《寒夜》，则是在注定寒冷的夜晚，以人情味制造出温度，也表现了待客之道，并将冬天开放的梅花歌咏进诗中。杜耒存世之诗不多，但在北宋相当闻名。他的诗朴素而有韵味，代表作便是《寒夜》。利用简单景物铺排出生活的味道，茶、炉、火、窗、月，真是十分寻常的夜晚，但有了幽幽开放的梅花点缀，一切就不一样了。

杜耒

《寒夜》

寒夜客来茶当酒，

竹炉汤沸火初红。

寻常一样窗前月，

才有梅花便不同。

译文：冬日的夜晚，客人来访，我以茶当酒相待。烧炭的火炉子里，开水翻滚，准备煮茶。月光照射在窗前，与平时没什么两样，只是几枝梅花在月光下开放，暗香袭人，使得今日的月色，比起往常，分外不同。

寒夜造访，可以以茶当酒而不嫌弃的，定非泛泛之交；而好友光临，则使得满室生辉。梅花是"四君子"和"岁寒三友"之一，愈冷愈开花，象征着品格高尚，诗人将挚友比喻为梅花，十分尊崇；而自己能与梅花为友，也显得格调非凡。

四君子：

梅、兰、竹、菊。梅象征品格高尚，气节坚贞；兰则德行崇高，清香远传；竹正直有节，意指不为名利折腰；菊清丽高雅，有傲骨，是隐士的代表。

岁寒三友：

松、竹、梅，皆在岁末至寒时生长、开花，象征强韧的生命力与高洁品行。

你是不是也见到了炉中的火苗烧红起来，水沸腾了，这煮着茶的屋子暖烘烘的，与屋外寒冬形成对比？平凡的生活、皎洁的月光，都因好友的造访，显得格外不同。而有坚忍气节的梅花，串起了一段温暖真挚的情谊，令人向往。

【唐诗精妙解析】

模式一　《绝句》对对乐

对古人来说，对仗是有很大乐趣的。中文一字一音，适合对仗，韵文中的对仗也就成为自然的趋势了。古人作诗简直到了"无对不欢"的地步，像我们沿用至今的春联，就有着很工整的对仗，已成为日常生活的一部分了。僧志南在《绝句》诗中用了"杏花雨"和"杨柳风"形容春天的自然景象，也做出了对仗的效果。古人还有着层出不穷的形容词，像是"芭蕉雨""酒旗风""催诗雨""稻花风"等，意象都很优美诗意，就算是运用在现代创作中，也能有种对称的艺术性。

模式二　《夜雪》聆听世界

听觉是人类感觉中相当重要的一种，但是，要将听觉转化为文字，却不容易。白居易在这首诗中，运用了听觉传递出最重要的信息——不只是寒冷，还有"雪重"。因为他在黑夜里听见了竹枝被雪压断的声音，于是判断出，这雪下得又急又多啊。下雪原本是无声的，似乎比雨还要轻盈，但白居易有一双灵敏的耳朵，清楚地聆听世界。我们也该向诗人借来耳朵，仔细地听一听。

/座右铭/　寒夜客来茶当酒。

这是对于朋友最热情、最素朴的款待心意了，虽然没有好酒，却有着无比的热情与真诚，连茶水喝起来都有酒的浓醇了。

主题九 听听历史的心跳——咏史诗

历史，照见自己的影子

"青史上你留下一片洁白，朝朝暮暮你行吟在楚泽。江鱼吞食了二千多年，吞不下你的一根傲骨！"这是现代诗人余光中作品《淡水河边吊屈原》里的名句，紧紧抓住屈原的性格和际遇，以及高洁超凡的历史地位，我们吟咏起来，仿佛能听见时光长河里，那忠诚灵魂热情的心跳声。

古代人没有计算机可以搜索，也还没有"自拍"的技术，而人生在世短短数十年，该怎么了解几百年，甚至几千年前的人文与故事呢？在韵文里，我们常会读到许多咏史与咏人的篇章，从中了解诗人们对历史上某一段时期、事件或人物，有着什么样的看法。他们畅怀歌咏，或是借古讽今——看起来像写过去的事，却或多或少讽刺了现在的人，有时被讽刺的对象是皇帝。

历来咏史的声音不绝于耳，东汉的班固是一位史学家，他的《咏史》诗是第一个以"咏史"为诗题的。到了西晋，左思的《咏史》诗八首，奠定了"咏史"在中国诗歌史上的地位，咏史也发展成为诗歌的重要题材。之后，咏史的曲调多人吟唱，像是陶渊明的《咏荆轲》、杜甫的《咏怀古迹》等，到了北宋司马光的《屈平》诗，则将屈原比喻为白玉和幽兰。唐朝的胡曾,甚至写了一百五十首《咏史》诗,闻名天下,可以称之为"咏史达人"了。

咏史诗中呈现的特色是"个人观点"。历史事件是客观的,而诗人借着咏史表达自己的人生观,或是对历史的评价,则是相当主观的。这些主观的看法,能带给读者不同的思考和感受,才是咏史诗真正的价值。就以胡曾的这首《汉宫》为例,他眼见晚唐的江山摇摇欲坠,心中必然有沉重的哀愁,却又无能为力,于是便将王昭君远嫁和亲的事件,写成七绝一首。

胡曾

《汉宫》

明妃远嫁泣西风,

玉箸双垂出汉宫。

何事将军封万户,

却令红粉为和戎。

王昭君在秋风起时,远离故乡,将嫁给单于为妻。她从汉宫离开,悲伤地流下许多眼泪,看起来像是白玉筷子挂在脸上。为什么国家明明有俸禄丰厚的大将军,应该上战场保护国家的,却让一个美丽的弱女子到塞外之地去和亲呢?

胡曾自小便才华洋溢，颇受赞誉，然而他几次考科举都没能中第——这当然与当时考试不公有很大的关系——让胡曾感到相当沮丧。于是，他从汉代和亲美人王昭君的身上看见了自己的影子：同样是资质不凡，不屑向恶势力低头，却只能抑郁不得志。

　　王昭君在紧要关头决定牺牲自己，远离家乡与亲人，嫁给语言文化迥然不同的人，为的是报效国家。然而，胡曾的疑问却是：有那么多坐享高官厚禄的大将军，他们如果善尽保家卫国的职责，又怎么会需要一个纤弱的女子去和亲呢？这样的质问，当然是别有用心的。始终徘徊在科举门外的胡曾，想为国奉献却苦无机会，高居上位的大臣却尸位素餐，这令他深感不平。

　　历史，就像一面镜子，照见自己。个人际遇加上对历史的独特观点，便是咏史诗的艺术成就。

三国，多少英雄泪满襟

　　唐代诗人对于三国的题材情有独钟，佳作也不少，像是诗圣杜甫就写过《蜀相》："丞相祠堂何处寻？锦官城外柏森森。映阶碧草自春色，隔叶黄鹂空好音。三顾频烦天下计，两朝开济老臣心。出师未捷身先死，长使英雄泪满襟。"

很多诗人去到三国遗迹景点,最同情的大概就是雄才大略、辅佐两朝的孔明了,对他的慎谋能断与一腔赤诚感到崇慕,也对他的壮志未酬、功败垂成感到惋惜。

杜甫还有一首五言绝句《八阵图》,短小精悍。传说中的"八阵图"是孔明研发的战阵,水里有一个水八阵,陆地上有一个旱八阵。孔明很得意地说:"八阵既成,自今行师,庶不覆败矣。"八阵图完成之后,行军作战就能百战百胜了。

《八阵图》

杜甫

功盖三分国,

名成八阵图。

江流石不转,

遗恨失吞吴。

刘备的蜀国能与魏、吴三分天下,诸葛亮的功绩最高。而有雄才伟略的诸葛亮创造了八阵图,使他的声名更加远扬。六百年来大水奔流,那八阵图的石垒却依然如旧,没有移动。唉,一切都怪刘备莽撞攻吴,破坏了策略,之后含恨而死,以致统一大业夭折,成了千古遗恨啊!

来到江边的杜甫,还能见到八阵图的遗迹。长江流了这么久,那些石头摆出来的阵式却都没有移动,"江流石不转",是对布阵的赞叹,也用以比喻孔明的忠贞不渝。于是杜甫不免要感叹:有这么厉害的八阵图,为什么会失败呢?败就败在当初刘备太急着要替关羽报仇,还没准备好就去攻打吴国,中计失败,含恨而亡。

再来看看唐代被白居易推崇为"诗豪"的刘禹锡的《蜀先主庙》。这是诗人任夔州刺史时,经过当地刘备庙有感而发,写下的咏怀诗。

刘禹锡

《蜀先主庙》

天地英雄气,千秋尚凛然。

势分三足鼎,业复五铢钱。

得相能开国,生儿不象贤。

凄凉蜀故伎,来舞魏宫前。

译文 刘备的英雄豪气,经过千秋万代仍严正威凛。他于乱世中与魏、吴三分天下,鼎足而立,并立誓复兴汉室。然而好不容易得到贤相孔明辅佐,儿子阿斗却不能效法贤人,以致亡国降魏。不仅如此,刘禅在魏国宴席上,看着被俘虏的蜀国宫廷歌伎跳舞,竟然还欢喜自若,全然不觉自己已沦为亡国奴了。

　　诗的开头就称颂刘备从无到有建立蜀国,并以小国之姿,与魏、吴三国鼎立,叱咤风云;还借钱币"五铢钱",暗喻他复兴汉室的壮志,强调他的历史功业。然而接着四句,感叹他虽得到孔明辅佐,儿子刘禅却昏庸无能,使国家败亡,投降魏国后,赴宴受辱了还不知道,仍然开开心心地谈笑风生。

　　除了歌咏刘备,其实此时的唐朝国势已衰,刘禹锡用心良苦地以古讽今,旨在提醒当朝吸取西蜀亡国的教训。可惜一番苦心全被枉费,皇帝是听不见也听不懂的。

　　被称为"小李杜"的杜牧,创作的咏史诗也很精彩。有一次,杜牧到赤壁古战场游览,看见了一截断掉的兵器——戟。原本埋在赤壁的沙石里,刚被挖掘出来,杜牧看了之后很有感触,就写下有名的《赤壁》诗。这首诗的特别之处,是在充满阳刚之气的战争中,诗人不提三国的领袖、大将军,专挑二乔来讲,将诗的调性变得柔软了。仔细想想,这首诗还有一层微妙的意思:周瑜的胜利与那阵"东风"是绝对相关的,历史上的胜负兴亡,有时候竟受命运的左右,这正是所谓的"谋事在人,成事在天"。

— 杜牧 —

《赤壁》

折戟沉沙铁未销，

自将磨洗认前朝。

东风不与周郎便，

铜雀春深锁二乔。

埋在沙里的断戟，铸铁还未完全销蚀。我取来在水边洗刷后，辨认出是三国时期遗留下来的兵器。不禁想到：假使那场赤壁之战没有吹起东风、帮助了周瑜，那么蜀吴联军恐怕会败北，大乔、小乔也都会被曹操掳去，关在他铜雀台的深宫里了。

金陵，六朝捧在手上的心

六朝是中国历史上动荡不安的乱世，但因多建都于温暖富庶的江南，鸟语花香，莺飞草长，常给人迷离似梦的感觉。古称"金陵"的南京，成为兵家必争之地，也是英雄醉卧的温柔乡，更可说是六朝之心。

六朝

北宋时司马光撰写《资治通鉴》,将曹魏、晋朝、南朝的宋、齐、梁、陈,有系统地以编年纪事,后人便将这六个朝代称为"六朝"。

杜牧有一首名诗《江南春》,把江南的味道都写出来了。

杜牧

《江南春》

千里莺啼绿映红,

水村山郭酒旗风。

南朝四百八十寺,

多少楼台烟雨中。

江南莺鸟啼叫,千里沿路都听得到;花朵红绿缤纷,一派春意盎然的景象。村庄被水环绕着,城郭紧临着青山,酒旗在风中招展。眼前南朝所留下来的四百八十座佛寺,也都笼罩在迷蒙烟雨之中了。

只见鸟啼千里，四处红花绿叶，灿烂无边；有村落处便见酒旗招展，一阵风吹来，就闻到酒香。这是诗人最爱的江南风景了。让江南变得如此繁荣富庶的，不能不提到南朝。南朝很多皇帝与贵族，都笃信佛教，纷纷大量兴建佛寺，地位最崇高的应该就是梁武帝萧衍了。

他原是个文武双全的奇才，建立梁朝，勤政爱民，让江南百姓过着丰衣足食的生活。然而中年以后，他却溺信佛教，曾经四度出家为僧，朝政紊乱，导致众叛亲离，八十六岁时被活活饿死。他在位长达四十八年，兴建了奢华宏丽的佛寺五百多座，使中国佛教达到极盛。到了晚唐，巡行江南的杜牧，还能看见遗留下来的四百八十座金碧辉煌的古刹，在迷蒙烟雨中，有如六朝的虚幻身影。

全诗借景色缅怀历史，感叹建造这些佛寺的君王们，如今都到哪里去了呢？多少楼台多少故事，只能透过春光中的草木城郭，怀想曾经安乐繁华的金陵城。

韦庄是晚唐知名的诗人、词人，唐灭亡后，进入五代时期，他曾担任过王建的前蜀宰相，制定开国的一切制度。韦庄早年上长安参加科举考试时，正好遇到"黄巢之乱"，他眼见兵乱民苦，写下了长达一千六百六十六字的长诗《秦妇吟》，这是唐朝最长的一首诗。当初写诗的韦庄，只是个年轻秀才，还没什么知名度，却因这首诗而闻名，被称为"秦妇吟秀才"。

初生之犊不畏虎的韦庄，纪实地写下了官兵的暴虐以及贵族被屠杀的惨状。黄巢之乱平定后，这首诗受到了许多非议与侧目。韦庄担心惹祸上身，便到处收购《秦妇吟》，为的是将它们全数焚毁。他死前的遗言就是要子孙对这作品"即得即毁"，怕的是贻害后代。

他的子孙果真将"焚诗令"执行得很彻底,《秦妇吟》不久就绝迹了。直到一千年后在敦煌石窟中被发现,后人才看到这沉埋在灰烬中的《秦妇吟》,原来是这样一首好诗。

韦庄除了写《秦妇吟》之外,其实也写过一首名诗《金陵图》。这首诗写的不是历史人物,也不是历史事件,更不是惨烈的战争,它表现出来的是一种氛围、一种意境。

——韦庄——

《金陵图》

江雨霏霏江草齐,

六朝如梦鸟空啼。

无情最是台城柳,

依旧烟笼十里堤。

江上细雨蒙蒙,江边春草青翠整齐,如梦的六朝已经过去,只有鸟儿空自鸣啼,似乎为六朝的兴衰感到哀伤。只有那皇城的柳树最无情,依然茂密生长,依然烟雾似的笼罩在这十里长堤上。

江南的雨，江南的草，江南的鸟啼，这些都令人有了美的联想，想到的是那短促的六朝，像一个又一个的梦，在梦中留恋，也在梦中感伤。偏偏那台城的柳树，皇都护城河旁的柳树，对于朝代的改换是毫不介怀的，它们依然那样茂盛，绿映人眼，细细柔柔的，像烟雾般围绕着十里长堤。

此刻的诗人有所感悟。他对历史的兴替盛衰感到无奈，他明白，这一切都只是个"空"。尽管再留恋不舍，时代还是翻页了。于是，他从颓圮的唐王朝离开，跨进了前蜀，一个新的时代。

楼台，一去不复回的翅膀

盛唐诗人崔颢则是以一段过往的传说，来歌咏眼前的建筑，虽然不算是正规的咏史诗，却也能表现出历史的沧桑与难以掌握的渺茫之感。那就是赫赫有名的《黄鹤楼》，据说连"诗无敌"李白都甘拜下风呢。

崔颢

《黄鹤楼》

昔人已乘黄鹤去，此地空余黄鹤楼。

黄鹤一去不复返，白云千载空悠悠。

晴川历历汉阳树，芳草萋萋鹦鹉洲。

日暮乡关何处是，烟波江上使人愁。

曾经虔心修道的人成了神仙，已经乘着黄鹤飞走了，在这里只留下一座黄鹤楼。神仙与黄鹤都是一去不再回的，在楼上的我们能看见的只有白云，千百年来自在地悠游着。晴朗的流水，映照着汉阳的树林，历历可数；鹦鹉洲上的芳草茂盛，一片青翠的绿意。当天色昏暮，不禁怀想自己的故乡，一层烟雾从江上浮起，这浩渺无边的景象，难免使人忧伤啊！

崔颢在开元十年考上进士，他四处游历，增广见闻，来到了位于武昌的黄鹤楼。黄鹤楼有仙人骑鹤而过的传说，又有修道人在此成仙，驾鹤而去的故事，充满传奇色彩。诗人开头三句就用了三次"黄鹤"，完全不避重复。而我们仔细品味，会发现三只黄鹤的象征都不一样：第一只黄鹤是"仙人"，第二只黄鹤是"建筑"，第三只黄鹤是"时间"。如此看来，竟是一点也没有重复的，这就是诗人层出不穷的创意与出神入化的笔力了。

诗中将写景与心绪紧密结合，愈美丽的风景，就愈勾引出诗人内心的愁绪。大量使用的叠字，如"悠悠""历历""萋萋"，在声韵上增添了缠绵的情致。千年的光阴，就像一去不返的黄鹤，当诗人为此而觉忧伤，眼前的景色却是这样的开阔美丽：晴朗明亮的河川，排列整齐的绿树，茂密丰美的芳草，天色渐渐暗下来，新的思乡之愁从烟雾弥漫的江水上，缓缓地升起来。怪不得这首诗一出现，便获得众口交赞。南宋诗论家严羽的《沧浪诗话》写道："唐人七言律诗，当以崔颢《黄鹤楼》为第一。"

说起诗仙李白与崔颢的《黄鹤楼》，还真是爱恨情仇，纠缠不休。据说壮游山河的李白，不久也来到黄鹤楼，本想题诗一首表记眼前景色，读过崔颢的诗，自觉无法超越，只好放弃，改写了一首诗咏鹦鹉洲。诗成之后，依然觉得望尘莫及，一怒之下就随口说出这样四句话："一拳击碎黄鹤楼，两脚踢翻鹦鹉洲。眼前有景道不得，崔颢题诗在上头。"

一个优秀的诗人或创作者，其实也是最严格的评论者，对于自己的作品非常了解，这几句话表现出诗仙的狂妄与任性，却也是李白对崔颢至高的推崇。崔颢有名的诗不多，而仅这一首击败李白的《黄鹤楼》就让他永垂不朽了。

李白后来去到了金陵，登上凤凰台远眺。诗人此时已添了许多风霜，所以凭吊历史之余，不免感慨今日，留下了这首千古名诗。

李白

《登金陵凤凰台》

凤凰台上凤凰游,凤去台空江自流。

吴宫花草埋幽径,晋代衣冠成古丘。

三山半落青天外,二水中分白鹭洲。

总为浮云能蔽日,长安不见使人愁。

凤凰台曾有凤凰飞翔栖息,如今凤去了,台空了,只有长江水兀自不停地奔流。东吴时华美的宫苑已经荒芜,杂草都掩埋了小径;晋代的名门望族,也早就烟消云散了。眼前高耸的三山半隐半现,白鹭洲把秦淮河隔出了两条支流。许多浮云遮蔽了太阳的光线,使我登高还看不见长安城,怎能不忧愁?

  首联写凤凰台的传说,如今祥瑞的凤凰远离,六朝繁华也一去不返了。前面两句连用三个"凤"字,有明快的节奏感。值得注意的是,这种"凤凰"连续出现的写法,与"黄鹤"连用三次的句式,有着微妙的相似,仿佛诗仙仍未走出崔颢模式。不爱受拘束的李白,很少写格律严谨的律诗,但《登金陵凤凰台》却是律诗中的杰作。

  凤凰离去之后,引申出更深层的意义。东吴、东晋一代的宫廷名门,早已灰飞烟灭;只有眼前的大自然,依然壮美万千。

最后一联展现了他的思想核心。诗人回到现实,用了《世说新语》中晋元帝的典故,并以太阳比喻皇帝,以浮云比喻奸臣。他面向长安,惦记着自己曾受玄宗宠爱的辉煌日子,暗示玄宗身边现在小人围绕,被遮蔽了耳目,也遮蔽了光芒,使自己无法为国尽心力,忧烦至极。

整首诗充满时间、空间感,贯穿历史典故、眼前景物,再与心中的感触相融合,所以虽然属于咏史诗,字里行间却蕴含着才困时艰的感慨。历史的沧桑与个人的际遇,联结在一起,化为无穷无尽的寂寞与忧愁。

霸王,渡不渡得那条江?

"楚汉相争"是脍炙人口的历史故事,刘邦坐稳江山,项羽却成为被歌咏和喜爱的英雄,就连他最后兵败自刎的瞬间,也闪耀着天神般的光芒。

项羽,名籍,身长八尺,力能扛鼎,是中国数千年来最勇猛的将领。

秦末时,项羽被楚怀王封为"鲁公",在著名的巨鹿之战中,率领楚军渡河,命令大家破釜沉舟——砸破锅子、凿沉船只,表示不留退路、全力前进的决心,最后以寡击众,大破秦军。这场战役显现出他过人的意志力与领导力,而那一年,他只有二十五岁。

他起兵反秦，自封"西楚霸王"，原先刘邦的实力根本无法与之抗衡，项羽却在"鸿门宴"上，错失了杀掉刘邦的机会，还分了几个郡给刘邦当汉王。项羽性子比较急，却是一个光明磊落的人，加上他的心肠软，放弃了好几次杀刘邦的机会，也就种下了后来失败的恶果。刘邦性格豪爽，年轻时懒散，不喜欢做农事，被父亲斥责，就像今日的"啃老族"一样。这样的人，竟然扳倒了才气过人、神勇无敌的霸王。

秦亡后，项羽统治黄河及长江下游，范围广大。在忙着征讨其他领地时，汉王刘邦乘机联合各诸侯军攻占楚国首都彭城，自此开始了楚汉对峙。经过多次攻守交防，双方订立停战和平协议，以鸿沟为界，即知名的"楚河汉界"。没想到项羽遵守约定、率军东归时，刘邦竟立刻毁约出兵，追杀思乡多年、已沉浸在归乡喜悦中而毫无防备的楚军，再把项羽逼到死路。

最后，项羽在垓下为刘邦所败，唱出了有名的《垓下歌》："力拔山兮气盖世，时不利兮骓不逝。骓不逝兮可奈何？虞兮虞兮奈若何！"表达了最大的感慨。接着，他突围至乌江，却拒绝渡江，因为当初带了江东子弟八千人，如今无一人生还，令他"无颜见江东父老"，随即自刎而死。

千年后的杜牧，来到了项羽自刎的乌江亭，写了一首《题乌江亭》来咏怀项羽。他替项羽感到不值，认为胜败乃兵家常事，每个人都打过败仗，何必为了失败就自杀呢？他觉得项羽应该放下身段，忍辱负重。当初只带子弟八千人就可以建立这样的功业，表示江东子弟藏龙卧虎，只要回去重整旗鼓，那么天下是楚的还是汉的，就很难说呢。流露的尽是慨叹之情。

—杜牧—

《题乌江亭》

胜败兵家事不期,

包羞忍耻是男儿。

江东子弟多才俊,

卷土重来未可知。

战场上的胜败难以预料,能够从失败的羞辱中站起来才是真正的大丈夫。何况江东子弟人才济济,如果西楚霸王当年愿意返回江东,再整军经武一番,卷土重来,最后谁胜谁负还很难说!

后人评论项羽时,常常都与杜牧的观点类似。然而,我们若读到了太史公司马迁在《史记·项羽本纪》里对末路霸王的描写,或许会有不同的感受。

项羽没有当过皇帝,司马迁却以"天下统治者"的规格将他编入"本纪",而不是贵族或诸侯的"世家",原因是"在权不在位",等于把他和汉高祖刘邦列在相同的位置上,可见对项羽的功业与影响力相当推崇。

《史记·项羽本纪》写道，项羽兵败，带着二三十个子弟兵来到乌江边，乌江亭长驾着一条小船来接，对他说："江东虽小，地方千里，众数十万人。"他认为项羽在那里称王还是可为的，所以希望项羽赶快上船，大家一起逃走，而今天只有亭长有船，就算汉军追来了也无法渡江。

但是，项王笑曰："天之亡我，我何渡为！"（这一笑，真是英雄的笑！上天要亡我，我何必还要渡江而去呢？）"籍与江东子弟八千人渡江而西，今无一人还。纵江东父兄怜而王我，我何面目见之？"（就算江东父老可怜我，愿意让我当王，可是我有什么面目见他们呢？）"纵彼不言，籍独不愧于心乎？"（就算这些人都不指责我，不怪我，但我面对他们时，内心能好过吗？不会感到惭愧吗？）

就在这一刻，项羽把自己和江东子弟放在同样的地位，而不是"一将功成万骨枯"。他不只是一个霸王，也是一个兄长；他不是个贪得无厌的权力者，而是真正的英雄。他选择了放弃，让天下从战火连天归于平静，让江东子弟不必再牺牲，让天下百姓得以休养生息。太史公把项羽写成一个了不起的英雄，就像史诗、神话或戏剧里的那种悲剧英雄一样。

项羽的心情是杜牧不能理解的，或许因为男人总是以建功立业来评断一个人的成败吧，而女人却能看见英雄曲折的内心。宋代词人李清照有一首《夏日绝句》就是在咏项羽。她说活着的时候就该当一个人中豪杰，就算死了也要做个鬼中英雄，而项羽便是她心目中真正的人杰跟鬼雄。李清照也觉得项羽是可以过江东的，而且过江东后有机会卷土重来、东山再起，但他不愿意，他选择放弃，成就了更高的品格。

——李清照——

《夏日绝句》

生当作人杰，

死亦为鬼雄。

至今思项羽，

不肯过江东。

活着时应当做一个人中的豪杰，死了也该成为鬼中的英雄。人们之所以到现在还思念着项羽，就是因为他不肯回去江东再整旗鼓，牺牲子弟。

李清照此诗为豪气、悲情的项羽叹息，但也理解、认同他最后的决定。所以这"不肯过"，便是项羽一生最高贵的表现，也是他成为英雄的原因。

荆轲，提剑出京易水寒

接下来是也出现在司马迁《史记》中的荆轲，太史公将他编于《刺客列传》。荆轲的形象是抗秦壮士，也是可以为知己而死的性情中人。

春秋战国时代刺客盛行，为知己或为主人赴汤蹈火，虽千万人而独往，无所畏惧，使命必达。最有名的刺客是曹沫、专诸、要离、豫让、聂政与荆轲，而荆轲刺秦王是最石破天惊的一击。

战国末年，秦王嬴政有着兼并天下的野心。在灭韩之后，又出兵伐楚、攻赵，即将来到燕国。燕国群臣、百姓都活在死亡的恐惧里，燕太子丹便计划派刺客行刺秦王，想威胁他归还各诸侯国的土地，或是直接杀了他复仇。门客荆轲本是卫国人，为了报答太子丹知遇之恩，允诺成为此行的刺客。

著名的"易水送别"后，荆轲挥别太子与好友高渐离等，带着副手秦舞阳来到秦国，重贿秦王宠臣向秦王进言，说燕王愿意投降，派了使者献上秦国叛将樊于期的头颅和燕国肥沃土地的地图。嬴政大喜，设宴接见。荆轲到了殿前，奉上地图。秦王打开地图时，图穷而匕现，荆轲奋力一击——

击刺过程相当震撼，但没有成功，因荆轲想生擒秦王，以匕首威逼归还诸侯土地，使秦王得以绕柱子闪躲。后来大批武士冲上殿来，以残忍的方式杀掉了荆轲。尔后，燕太子丹及燕国，也没有逃过劫数，刺秦最终以悲剧收场。尽管历来对此事件褒贬不一，但历史上的刺客多出现于乱世，他们总是以肉身执行那几乎是不可能完成的任务，往往如同骑在虎背上，知道必死，还是勇往直前。所以，质朴淡泊的陶渊明，也写过激昂感人的《咏荆轲》。

陶渊明生活在晋朝末年，是即将由东晋入南朝宋、杀伐不已的离乱年代，他借荆轲史事，讽刺当朝无才无德却居高位的小人。虽对刺秦未成觉得相当遗憾，但仍渴望荆轲那样的江湖侠客来行侠仗义，铲除恃强凌弱的压迫政权，于是在诗中塑造了令人敬佩的除暴壮士形象。"君子死知己,提剑出燕京""心知去不归""千载有余情"等名句,歌咏了荆轲这样的豪侠之士,由衷敬佩他那短暂却耀眼的光芒。

咏荆轲的史诗中,还有一首《于易水送人》,作者是初唐四杰之骆宾王。诗题是送别,却别开生面地不谈离情依依、描述友谊等一般送别诗常见的内容或客套话,而是直接走入历史之中,可见所送朋友必定是肝胆相照之人。

骆宾王

《于易水送人》

此地别燕丹,

壮士发冲冠。

昔时人已没,

今日水犹寒。

就在易水这里，壮士荆轲告别了燕太子丹，他悲壮的歌声使人激昂得头发冲冠而起。荆轲当年行刺暴秦功败垂成，死于秦王手下，令人敬佩。直到今天，我仍然感觉寒意笼罩着易水边。

开头两句便带领读者"穿越"，回到荆轲出发刺秦那一日，太子与宾客们穿白衣、戴白冠，于易水边为荆轲饯别，心情感伤。荆轲和大家都明白，此去不会有再回来的一天，于是在好友高渐离的击筑声中，激昂高唱："风萧萧兮易水寒，壮士一去兮不复还！"歌声悲壮，以至于座中英豪们个个慷慨激昂，怒发冲冠，送别场景充盈着萧瑟悲壮的气氛。

然后画面回到骆宾王的时代。看着被寒意笼罩的易水，诗人心中的千言万语，却是对自己乖舛的际遇愤愤不平。他希望推翻武则天的统治，进一步匡复李唐王朝，所以自然将今昔的易水送别交融在一起了。"今日水犹寒"乃诗的意旨，强调他对今日现实环境的感受，曲折地反映出苦闷、沉痛的心境。他对荆轲为正义牺牲的风骨表达了崇敬之意，也暗示自己亦有那样的情操。

全诗"送人"是其次，"抒怀咏志"才是目的，文字充分展现了跌宕有致的力量。然而对照结果，诗人悲剧般的一生，也与荆轲有着异曲同工之妙。

我们活在历史中，也将成为历史的一部分。这些歌咏历史的诗歌，让我们看见了诗人的感怀，也领略了诗人的史观。那些兴盛与衰败、改朝换代的故事，到底是无可扭转的天命，还是起心动念的选择？

历史，是不可改变的吗？历史有没有规则可循？人类能不能因为对历史的学习而更有智慧？

"乱哄哄，你方唱罢我登场。"当我们还来不及感叹的时候，时代的巨轮又往前滚动了。

【穿越模式启动】

现今有的考题会是这样的："阅读此诗，推断其所吟咏的是哪个历史人物？"我们便要有穿越古今、融会贯通的本事，找出关键词，注意陷阱。那么，答案便呼之欲出了。

一、"猿愁鱼踊水翻波，自古流传是汨罗。苹藻满盘无处奠，空闻渔父扣舷歌。"

答：屈原。（唐·韩愈《湘中》）

关键词：汨罗（屈原投河处：汨罗江）、渔父（典出屈原作品《楚辞·渔父》，其中载有与渔父的对话，名句"举世皆浊我独清，众人皆醉我独醒"亦出自此）。

二、"鸟尽良弓势必藏，千秋青史费评章。区区一饭犹图报，争肯为臣负汉王。"

答：韩信。（清·包彬《淮阴侯庙》）

关键词：汉王、鸟尽弓藏（典出《史记·淮阴侯列传》："狡兔死，良狗烹；高鸟尽，良弓藏；敌国破，谋臣亡。"）、一饭千金。（韩信未得志前接受漂母——洗衣婆婆的救济，之后回赠千金以报一饭之恩）。

三、"英杰那堪屈下僚，便栽门柳事萧条。凤凰不共鸡争食，莫怪先生懒折腰。"

答：陶渊明。（唐·胡曾《咏史诗·彭泽》）

关键词：门前栽种五柳树，自号"五柳先生"；陶渊明不为五斗米折腰。

/座右铭/　　生当作人杰，死亦为鬼雄。

我们活着就该认真。在这世上走一遭，无论生命长短、功业如何，都须真诚磊落；死去时，也能豁达从容，无愧于心。这样不管身在何处，都是英雄豪杰。

主题十 摸一摸风的形状——咏物诗

风是神奇魔术师

风，可说是大自然里最有"显著生命力"的，虽然，它没有形状、色彩，却能像云一样千变万化，影响着万物的生活。

古今文学家都爱咏物，且多半意在借物抒怀。像初唐四杰的王勃，在《咏风》诗中说："去来固无迹，动息如有情。"他赞美一天到晚来来去去的风，无形无迹，却普济众生，对大地做出慷慨奉献，不遗余力，仿佛是一个有情有义的人。这不仅是王勃咏物诗的代表作，也是咏风诗的佳作。他以风托志，抒发自己积极进取的志向。

而清朝的赵翼在《野步》诗里道："最是秋风管闲事，红他枫叶白人头。"用拟人法写飒飒秋风，不仅吹红枫叶，也吹白了人的头发，诗人带着抱怨的口气说："真是多管闲事的风啊！"诗中用词新颖，色彩鲜明，虽道出岁月流逝的秋怨，却无秋悲，倒有些俏皮的情味。

唐朝诗人李峤的《风》，最能让我们感受到风的强烈存在。风是无形、无色、无味的，甚至无法触摸，那该怎么描写呢？李峤的这首《风》，便用其他东西和季节来突显风的存在，以视觉来使人明白风的作用和威力。

— 李峤 —

《风》

解落三秋叶，

能开二月花。

过江千尺浪，

入竹万竿斜。

风，能吹落深秋的枯叶，也能在二月时温柔地使花都开放。当它吹过江河，能卷起千尺高的浪涛；而吹入竹林时，又会使所有的竹竿都斜斜地弯下身躯。

他说，风可以吹落深秋的叶子，具有肃杀之气，但厉害的是，到了春天，它又能唤醒二月的花朵，使它们开放。真像神奇的魔术师！但如果它发怒了呢？吹过江上，会掀起千尺高浪；而一入竹林，所有的竹子全都歪歪斜斜地直不起腰来！全诗单纯咏风，用字简洁，使用"三""二""千""万"这些数字来铺排风的不同面貌，从季节到空间，有平面有立体，真是趣味横生。

风，真的是看不见的吗？借由这样的咏物诗，我们还是可以"看见"风的，只要细心感受，便能"看见"风的线条，"触摸"风的形状，甚至"描绘"出风的颜色。

柳的风姿，菊的香气

柳树因为与"留"音相近，又多种在岸边，古人要远行，即将乘船启程，亲友们送别时便会折一段柳枝相赠，表达"挽留"的不舍之意。因此柳树常与离别的情绪相连，以柳喻离情的大有人在。《诗经》中早有"昔我往矣，杨柳依依"之句。

唐代诗人罗隐的《柳》"灞岸晴来送别频，相偎相倚不胜春"，便是描述柳岸送别的难舍难分；李白的《折杨柳》"攀条折春色，远寄龙庭前"，表达了在春天折柳思念之意；刘禹锡的《杨柳枝》"长安陌上无穷树，唯有垂杨管别离"，更说明了柳树与别离密不可分的关系。

而贺知章的《咏柳》，则别具风味。他的诗风淡雅隽永，常有巧思，最有名的是《回乡偶书》，而《咏柳》则充满清新巧妙的意象。

贺知章

《咏柳》

碧玉妆成一树高，

万条垂下绿丝绦。

不知细叶谁裁出，

二月春风似剪刀。

 柳树像碧玉装扮成的美女一样，垂下无数绿色丝带般的枝条，十分美丽。不知这样整齐细长的叶片，是谁的巧手裁出的。原来是二月的春风吹拂，温柔地剪出来的呀！

此诗跳脱传统的离情依依，单写柳树姿态，别有一番妙趣。

春光烂漫的江南二月，柳树是碧玉一般的绿，垂下的枝条像细细的丝带，千丝万缕，摇曳生姿。诗人很想知道谁有那样的巧手，能剪裁出如此整齐划一的细长叶片呢？于是把柳叶的形状研究、想象了一番，一向给人温暖和悦印象的春风，原来是个剪刀手呀，只有他才能将柳叶剪裁得这样精巧而美丽。

这里的春风，变成一位造型大师了！这是"想象力"的极度发挥，不只是运用了比喻、拟人手法而已，还要翻转万物的本来样貌，得出新的生命与触动，无比神奇。

晚唐还有一位特殊的诗人,不仅以他的诗翻转事物的样貌,甚至想要以他的力量翻转天地。虽然失败了,却留下一首锐气闪耀的菊花诗,那就是"黄巢之乱"的首脑人物——黄巢。

黄巢出身于运贩私盐致富的人家,他带领着数万农民起义,反抗朝廷的昏庸与剥削。起初治军严明,士气高昂,转战江南一带,自称"冲天大将军",兵力迅速扩张达五六十万人,所到之处皆望风而降。起兵七年之后,顺利攻克长安城,唐僖宗狼狈逃走,黄巢自立为帝,改国号"大齐"。可惜黄巢没有长治久安的准备,当战事失利时便显出残暴的本质,疯狂屠杀平民百姓,最终节节败退,被属下所杀(一说自杀),结束了充满传奇的一生。

黄巢是一个读书人,对他来说,最大的遗憾应该是科举考试的一再失利吧。在这首流传后世的咏菊诗《不第后赋菊》中,可以清楚看见考场失意的黄巢,已经有了"图谋不轨"的思想,充满叛逆的精神。

黄巢

《不第后赋菊》

待到秋来九月八,

我花开后百花杀。

冲天香阵透长安,

满城尽带黄金甲。

译文 等到了秋天的九月初八这一天，当我们这些菊花盛放时，也就是其他各种花朵凋落的时节了。我们将散发出浓烈的香气穿透长安城，浑身穿戴起黄金的盔甲，占领首都。

秋天是收获的季节，常常也是农民反抗暴政的时机。菊花在秋天开放，算是时序最晚的花。黄巢利用这个特色，写出"有我无敌"的气概万千，又用菊花的香气与形状，象征兵力的集结与军容的壮盛。尤其是菊花的花瓣竟能联想到金属盔甲，果然有非比寻常的想象力。

咏物诗就是以诗来写大家熟知的大自然万物，可以单纯描写，也可以借物抒怀，当然也能以物说理。中唐大诗人白居易写过一首很有名的诗《鸟》，就是要灌输众生平等的观念。"谁道群生性命微，一般骨肉一般皮。劝君莫打枝头鸟，子在巢中望母归。"同样一块天顶在头上，同样一块地踩在脚下，也就是《弟子规》说的"天同覆，地同载"。所以不要觉得人命最贵重，其他物种的性命就是卑微的。

而宋朝的李纲，将山水诗中作为配角的牛，提升为诗的主题，整首写牛，托牛以言志。

南宋李纲是著名的抗金大将，在徽、钦二帝被掳的"靖康之难"后，宋室南渡，高宗即位，命李纲为宰相。他力图革新，但皇帝只想偏安，所以李

鞠躬尽瘁一病牛

纲主政仅有七十五天,便遭高宗罢黜。后来他多次上献抗金计策,皆未被采用,壮志未酬,最后忧愤而死。

李纲被罢去相位,贬到武昌后,仍忧国忧民,写下了《病牛》诗。

——李纲——

《病牛》

耕犁千亩实千箱,

力尽筋疲谁复伤?

但使众生皆得饱,

不辞羸病卧残阳。

 耕耘了千百亩的地,装满了千万座粮仓,使人们不愁吃穿。自己却耗尽精力,疲累不堪,伤病满身,有谁来同情劳苦的牛呢?但只要百姓都吃饱了,自己即使瘦弱到病倒在夕阳之下,也在所不辞。

在农业社会中,一头牛耕一辈子田,几乎负担所有生产工作,因此长年累月筋疲力尽,还有不断的伤病。如今牛老了,病了,快要死了,仍无怨无悔,只要众生都有了温饱,它就算用尽最后一丝力气,都在所不惜。

李纲以牛自况,是一生为国为民、"鞠躬尽瘁,死而后已"的真实写照。这首质朴无华,却能使人动容的诗,展现了伟大的爱民情操,得以传诵千古。

时空舞台上,天地是广阔无涯的宝库,花草树木、日月星影,能令人喜、令人悲、令人赞佩。我们身在其中,能观赏、能阅读、能创作,何其幸福。当我们摊开稿纸写作,却总觉得缺乏写作灵感与题材时,不妨多读几首咏物诗,看看诗人如何与万物对话。抒发感想,以物喻情、托物言志,信手拈来皆是取之不尽、用之不竭的好材料。

只要常常动动脑细胞,练习联想力、想象力、逻辑组织能力,就能拥有一支哈利·波特的魔法棒,享受着点石成金的惊喜与富有。

【唐诗精妙解析】

模式一　《风》的神奇魔力

同样是形容风,李峤用了"落叶"和"开花"两种状态来凸显风的冷酷和温暖。虽然落叶乃是秋季里的自然现象,并不全是风运作的结果,就像春天里百花盛开,也并不都是因为风的缘故,但如此写来,确实让风有了神奇的魔力。写作时也可以将这两种意象同时使用,例如形容母亲生起气来"解落三秋叶",微笑的时候"能开二月花",很具形象力,定能令人会心一笑。

模式二 《不第后赋菊》的拟人法

所谓"拟人法",就是将动物或植物或没有生命的东西人格化,使它们具备人的情感与性格,让它们像人一样地活动起来,并且能够感知这个世界。黄巢在这首咏菊诗中,将自我的强烈意识投入其间,他对当时的腐朽政权与王朝感到愤慨,叛变的种子已在心中萌芽。他想象着:那会是在菊花开得最盛的深秋,集结着成千上万的百姓,长驱直入长安城,就像是金黄色的菊花花瓣,战士们的盔甲也闪闪发光。菊花不再只是菊花,而是一种反抗、一场战争,这是很值得观摩的拟人技法。

> **座右铭**
>
> 但使众生皆得饱,不辞羸病卧残阳。

尽量勤于耕耘,付出心力,慷慨奉献。只要自己能有用于团体、家庭、社会、国家,再怎么辛苦,都是值得的,人生会有不凡的意义。

主题十一

悠长匀称的脉动——中唐诗

诗的繁荣 运动促进

开明美好、热情爽朗的盛唐气象,如繁花灿烂,赐予了大地一长季的耀眼光芒。接下来的中唐七十年,政治萎靡不振,繁花日渐凋萎。

安史之乱后,大唐本应休养生息,然而遗憾的是,藩镇割据、宦官擅权,阶级严重对立,社会愈来愈无法安定了。知识分子将胸中的不平之气与昂扬斗志抒发在文学和创作上。于是,韩愈、柳宗元揭竿而起。"古文运动"是对现实最尖锐的批判与改革,这力道震动了文坛。虽然在当代是一场艰辛痛苦而孤独的革命,到了宋代却百花齐放、星光闪耀,汇聚成"唐宋八大家"。

唐宋八大家

韩愈对中唐时期只重形式不重内容的文坛风气感到不满,于是与柳宗元共同发起了"古文运动"。他们提出复古的文学理论,又广收门徒,在当时确实成为一股不可忽视的文学新势力。到了宋代,则有了更多响应者与杰出的作品。

"唐宋八大家"就是指写作古文卓然有成的八位作家:唐代的韩愈、柳宗元,北宋的欧阳修、苏洵、苏轼、苏辙、曾巩、王安石。

至于诗的创作则延续了盛唐的诗派，田园、社会、边塞，各有传承者，作品诚然多样化，但可看出壮志难伸的无奈与忧伤。

简单地说，当大环境动荡严酷，诗人们陷入忧郁愤懑中，也只能在诗里抒发。于是浪漫主义消退，关心百姓的现实主义抬头，其后并发展出讽刺时事的"新乐府运动"。因此，借着社会写实诗壮阔的绚烂光彩，以及奇险派脱离平庸的异军突起，唐诗在中唐的贞元、元和年间，花开得倒是独特有型，于是有了第二次的繁荣期。

新乐府运动

"乐府"原本指的是汉代专门掌管音乐的官署，这个官署从民间搜集而来的歌谣，就叫作乐府诗，简称乐府。因为来自民间，具有叙事写实、语言浅显通俗的特色，并且都是可以入乐而歌的。

"新乐府运动"是白居易和元稹提倡的诗歌改革运动，与"古文运动"相呼应。他们认为诗不必入乐为歌，但是"文章合为时而著，歌诗合为事而作"，也就是强调诗歌应该具备反映社会现象的功能，并有批判和讽喻的作用。

中唐代表性诗人很多，首推白居易。白居易，字乐天，现存三千多首诗，平易浅近，不必精美的辞藻和过多地解释，却孩童能读、老妇能解，直接表达了最纯粹、朴实的情感，且含意深远，影响广大。

没有宣传，大人小孩都喜欢

白居易在世时便名满天下，尤其最负盛名的二十年间，诗作竟能像货币一样流通。一般老百姓会用丝布换取鱼、肉，读书人却可用白居易的诗文抄稿去换取生活必需品。在许多寺庙、驿站、亭台的墙上，也都能一睹他的作品。没有网络的时代，这样一位大人小孩都喜欢、红男绿女皆"粉丝"的大诗人，自小苦学，日以继夜读书写作，以至于手肘长茧、口舌生疮，像着了魔一样，遂有"诗魔"之称。

　　家贫多变故的白居易，十一二岁就过着流离生活，十六岁到长安应试，以一首考试的练习作品《赋得古原草送别》，让前辈诗人顾况大为赏识，因而成名。他和元稹、刘禹锡等诗人都交情很好，常写诗相赠，世称"元白""刘白"。

《赋得古原草送别》

— 白居易 —

离离原上草，一岁一枯荣。

野火烧不尽，春风吹又生。

远芳侵古道，晴翠接荒城。

又送王孙去，萋萋满别情。

古原上的青草繁茂,每年都经历欣欣向荣的生长及枯萎。但它们的生命力很强,连野火都烧不断生机,只要春风一吹,又恢复了茂密的样子。芳草可以蔓延至远处的古道上,阳光下,更是一片翠绿,一直连接到那荒芜的旧城边。朋友啊,我在这里送别又要远去的你,草木萋萋,就像是浓烈的离情啊!

我们先来看让白乐天崭露头角的《赋得古原草送别》。按规定,凡考试指定或限定的诗题,前面要加上"赋得"两字,当时白居易拜谒京城名士顾况,顾况看他年轻,便拿他的名字调侃他:"长安米贵,居大不易。"意思是京城里不好混饭吃啊!就凭你这十六岁小孩……没想到,当顾况读到《赋得古原草送别》中的"野火烧不尽,春风吹又生",便露出惊异的表情,改口对白居易说:"能写出这样的诗句,在长安居,也就容易了。"

此后,顾况极力向人推荐白居易的诗,表现出爱才惜才的热情。由此可见,白居易的创作天赋,从少年时代便已有着难以掩饰的光芒,也就注定了未来的高度。

本诗以"草"象征别情,整首诗都以草的意象贯穿。草的生命力那样顽强,有着不可摧毁的韧性。诗中的叠字"离离""萋萋",都是形容草的茂盛。这位十六岁诗人,先给读者辽阔原野的连绵草景,颔联、颈联讲的是草的生命力，"野火烧不尽，春风吹又生"更传达了坚毅的人生观，是本诗的精髓，也是传诵千年的名句。而直到最后一联，才点出送别的主旨，并以繁茂的草来比喻生生不息的离别之思。

咏草又咏情，把对自然和朋友的情感巧妙结合，含蓄之中有着浓烈，难怪老诗人顾况叹赏不已。它不只用字通俗，还是"赋得"之绝，更是唐诗中的杰作啊！

天长地久，此恨绵绵

中唐政治腐败，白居易哀怜百姓、关怀民生，还写有许多讽喻诗，并倡导"新乐府运动"，是伟大的现实主义诗人，主张创作必须取材于生活，直接表达，才能反映时代状况。这种想法和做法，在当时获得很大的反响。他擅长各种诗体，特别是叙事长诗。唐朝写绝句、律诗的人多，少有写乐府长诗的，白居易便是其中之最。他的诗除了浅白易懂，声调也很优美，即使像代表作《长恨歌》和《琵琶行》两首长篇，也能广为传诵，乃至"童子解吟长恨曲，胡儿能唱琵琶篇"，比流行歌曲还要流行。

白居易

《长恨歌》节录

汉皇重色思倾国,御宇多年求不得。

杨家有女初长成,养在深闺人未识。

天生丽质难自弃,一朝选在君王侧。

回眸一笑百媚生,六宫粉黛无颜色。

春寒赐浴华清池,温泉水滑洗凝脂。

侍儿扶起娇无力,始是新承恩泽时。

云鬓花颜金步摇,芙蓉帐暖度春宵。

春宵苦短日高起,从此君王不早朝。

承欢侍宴无闲暇,春从春游夜专夜。

后宫佳丽三千人,三千宠爱在一身。

译文

唐明皇李隆基贪求女色，一直想得到绝世美女，登基多年仍不可得。后来一户杨姓人家有个女儿刚刚长大，娇养在深闺中，没有人知道。这女孩生来容貌姣好，很难被埋没，于是有一天被选进宫里，陪侍在君王的身边了。而她只要回头轻轻一笑，转动着明亮的眼睛就有了千娇百媚。和她相比，后宫所有美貌的嫔妃，全部都黯然失色。春天寒冷时，皇帝赐她在华清池里洗浴，滑润的温泉水洗着那细致的皮肤，之后侍女扶她起来，她显得娇弱无力，这正是她受君主新宠的时候。贵妃有云般的鬓发、鲜花般的容貌，头上戴着金步摇，走起路来轻轻晃动，好看极了。她在温暖的芙蓉帐里，和皇帝甜蜜地共度春宵。这样的春夜显然太短，便一直睡到太阳高照才起身，从此君王就无法在清早上朝开会了。她忙着使君王欢笑，陪侍宴饮，没有一点空闲；在春天跟着君王游春，晚上则侍奉君王夜宿。后宫里有三千美女，所有的宠爱都集中在杨贵妃一人身上了。

《长恨歌》是白居易最为知名的千古绝唱。他以歌行体书写了唐玄宗与杨贵妃曲折的爱情悲剧，也可说是对君王又责备又歌颂、又讽喻又同情的文学作品。特别是描写和比喻生动出色，也在感性艺术中融入历史典故，用很多的层次铺陈，以很长的篇幅叙事，让全诗婉转动人、饶富韵味。

一开始描写杨玉环的到来与受宠，玄宗皇帝自此无心于国事。"汉皇重色思倾国"是这悲剧的主因，也是全诗的纲领。君王想要追求的是"倾国的美女"，最终却导致了"倾国的命运"。悲剧发生的缘由：安禄山来攻，玄宗兵马仓皇地逃难，半路上因为六军的胁迫，只好无奈赐死贵妃。而平乱后，玄宗回到京城，深情地思念贵妃，且因"悠悠生死别经年，魂魄不曾来入梦"，便想透过道士去仙界寻妃。

道士招魂，"上穷碧落下黄泉"，都没能寻见，最后却在海外仙山找到贵妃。贵妃取出信物请道士带给玄宗，更说出了他们曾在七夕之夜许下生生世世的盟约。如今，生死永隔，这一切都成了过眼烟云。"天长地久有时尽，此恨绵绵无绝期。"哀伤与憾恨是永无止境的啊！传奇于此落幕，歌声却不时回荡，人世间最尊贵的爱情，竟是这样凄凉的结局，令人感叹不已。

诗中女主角杨贵妃，必然有着倾国倾城的美貌，经过白居易的描写，千年来坐稳了绝世美人第一把交椅。诗人笔触细腻，形容高绝，使得贵妃的形象鲜明而迷人，至今无人能超越。诗人先用"初长成"表示贵妃的青春，"天生丽质"是说她的美都是自然的，并没有经过太多的修饰。而她只是"回眸一笑"，就有无穷的魅惑能量，让"六宫粉黛"都黯然失色了。

皇帝对她非常爱宠，赐她洗沐温泉，贵妃出浴娇弱无力的样子更是让皇帝大为倾倒。诗人描写她滑润细致的肌肤、美丽的容颜、乌黑光泽的头发、发上的金步摇，具体而细微地形容女子的美态，可说是登峰造极。皇帝把全部的爱恋都牵系在她的身上，为了她荒废了政事，"从此君王不早朝"，也就埋下了奸臣弄权、天下大乱的祸根。

白居易在世时，《长恨歌》就已广泛流传于社会各阶层，也对后世文学影响极大，甚至影响了日本文坛，如《源氏物语》的创作。

而因为白居易故意对若干史实做了改变，且未明示此诗的主题，只以"长恨"二字为题，所以历代学者对这首诗有不同的诠释与看法，直到现今，仍被热烈地讨论着。

江上琵琶，沦落天涯

白居易成名很早，二十八岁就中进士，为官一直是勤政爱民、直言敢谏，自然容易得罪当权者，故而常被贬官。元和十年，已是中年人的他，又因莫须有的罪名被贬为江州司马，从此飘零，这是他人生与创作很大的转折点。

郁闷的诗人，在江州浔阳江头送别客人时，遇到了琵琶女。先以同情琵琶女被抛弃的遭遇起兴，然后对应到自身的际遇，写成叙事结合抒情的《琵琶行》并序，先是序，再是乐府长诗，充满了感叹与悲伤。因为写的是琵琶的精彩演奏，也成为古代描写声音的代表诗篇。

白居易

《琵琶行》节录

大弦嘈嘈如急雨,小弦切切如私语。

嘈嘈切切错杂弹,大珠小珠落玉盘。

间关莺语花底滑,幽咽泉流冰下滩。

冰泉冷涩弦凝绝,凝绝不通声暂歇。

别有幽愁暗恨生,此时无声胜有声。

银瓶乍破水浆迸,铁骑突出刀枪鸣。

曲终收拨当心画,四弦一声如裂帛。

东船西舫悄无言,唯见江心秋月白。

那大弦嘈嘈的声音像阵阵急雨,小弦切切则仿佛四下无人的低语。而大弦嘈嘈、小弦切切交错弹奏着,就如大珠、小珠纷纷滚落在玉盘里的清脆声响,十分悦耳。接着,那乐音流动,像花丛里黄莺婉转轻滑的啼叫声;又像流泉遇到了沙滩,哽咽抽泣。尔后流泉又冷又涩,琴音凝滞;凝滞不通时,乐音渐渐停歇。就在此时,生起了幽幽愁绪,暗暗的憾恨也随之而出,虽然没有声音,却比有声音时更饱含情感。突然,乐音再次响起,就如银瓶爆破开来,水浆迸出;又像铁骑千军万马的刀枪齐鸣,激烈厮杀。紧接着,乐曲在千军万马的高潮处结束,只见她用弦拨子往琵琶中心用力一划,四根琴弦便发出好像布帛被撕裂的一声惊响——听得所有船只里的人全静悄悄的,只有明亮的秋月映照在江心上。

《琵琶行》一开始叙述浔阳江头夜饮送客的情景。偏僻地方忽然传来琵琶声,主人客人都被吸引,于是船也不发了,反而移船重开宴,邀请琵琶女为大家演奏。再来便是对于乐曲出神入化的描写,从"千呼万唤始出来,犹抱琵琶半遮面"起,拨弦试弹,曲调未出,已充满着感情;而曲调一出,满座无语,大地沉默。

接着,写琵琶女倾诉遭遇,回忆极受欢迎的年轻时代,以及年长色衰后的凄凉。结尾为诗人的感怀,自述被贬官至江州的处境及心情,写出"同是天涯沦落人,相逢何必曾相识"的绝世名句。

颇懂音乐也重视音乐的白居易,不是在弹琵琶,而是写乐音;读者也不是听音乐,而是读音乐。他将抽象的声音描绘成具体而生动的画面,需要很强的观察力和想象力,才能让我们仿佛看到、听到了整个琵琶的弹奏过程。"听曲"一段从调音到乐止,关于声音的描写,展现了高超的艺术水平,具有惊人的感染力。

从"轻拢慢捻抹复挑"的基本指法,到大弦小弦的嘈嘈切切,有如"大珠小珠落玉盘"。接着用比喻法形容各种曲音,然后声音渐歇,"此时无声胜有声"。突然,琴音像银瓶乍破,再似铁骑奔腾,响亮雄壮。紧接着,在昂扬激情的高潮处以撕裂布帛的惊人乐音使整首曲子戛然而止。这时,"东船西舫悄无言,唯见江心秋月白。"不但听者震撼,连宽阔的江面也成了一片悄然。绝对的寂静,让紧绷的神经渐渐松弛下来,同时却有一种如梦似幻的不真实感。

鸟的母爱,鱼的悠哉

诗歌题材广泛、形式多样的白居易,也相当孝顺。在母亲去世后写了古诗《慈乌夜啼》:"慈乌失其母,哑哑吐哀音。"借慈乌这"鸟中之曾参"来怀念母亲、歌颂母爱的伟大。而他还有两首人道关怀诗,也是透过大自然里的动物来告诉我们:生命是平等的。

第一首是《观游鱼》。他散步到池畔观鱼,见鱼儿自在悠游,而一旁孩子们却悬钩垂钓,于是有感而发,就景写情,表达了"爱鱼"的不同行为。诗人喂鱼,是护它,盼它长大;儿童钓鱼,是享乐,无知害生。两种心情对比强烈,而"心各异"也正说出了诗人的惆怅感伤。

《观游鱼》

— 白居易 —

绕池闲步看鱼游,

正值儿童弄钓舟。

一种爱鱼心各异,

我来施食尔垂钩。

我到池边散步时,看到鱼儿自在悠游。正巧遇见一群孩子,摆弄着钓船准备钓鱼。同样是爱鱼的人,但心态却不一样,我是观鱼、喂鱼,你们却垂下钓钩,想钓起鱼儿。

全诗浅显易懂，显露白居易平淡闲适的生活，以及爱护生命的胸怀。在一千多年前，我们已看见了他护生爱物的新观念。

《弟子规》说："凡是人，皆须爱，天同覆，地同载。"道理很简单，只要是人，都应该和睦相处、互相爱护，没有社会地位高低、聪明愚笨或富有贫穷的界限与分别，因为我们顶着同一片天，踏着同一块地。那么，这天地之间所有生物都应该是平等的，所有生命都值得尊重。白居易这首《鸟》，也提供如此的思维。

——白居易——

《鸟》

谁道群生性命微，

一般骨肉一般皮。

劝君莫打枝头鸟，

子在巢中望母归。

谁说动物的生命比人类卑贱呢？它们和人一样，有骨有肉，还有皮毛。
劝您别打枝头上的鸟，可知它的孩子在巢中，期盼着母亲归来呀。

鸟类跟我们一样，有皮，有骨肉，它们也喂食孩子、保护孩子，并不比人类低贱。不要以为打下一只鸟儿没什么，事实上有多少小小鸟，还在巢中等着母亲回来喂它们、疼惜它们。这是一首劝喻诗，为了让人们对动物的生命有尊重之心，用了拟人法。小小鸟也像小孩子似的，在巢中伸长了脖子等候着母亲归来。想到人类与动物有共通的情感，便会升起恻隐之心，也唤醒了我们的慈悲。

白居易晚年隐居洛阳，吃斋信佛，常往来香山寺一带，故又号香山居士，仍不忘人民生活的疾苦。

他于香山去世后，唐宣宗为他写祭文《吊白居易》。他曾出任杭州太守，百姓则筑了一道"白堤"怀念他；而过往洛阳龙门的行人，也都爱到他的墓前洒酒祭奠，使得墓前一小块地，总是干不了。

最美的，无法再遇见

白居易虽不得志，却不是全然的寂寞孤独，他的诗人好友与他相互唱和，必然是畅意开怀之事吧。元稹就是他的诗友，更是他的知己。"诚知此恨人人有，贫贱夫妻百事哀""唯将终夜长开眼，报答平生未展眉""曾经沧海难为水，除却巫山不是云"，这些诗句，都出自元稹的笔下。

他们两人世称"元白"，在中唐诗坛影响颇大，因为同为"新乐府运动"的倡导者，文学观点和作品风格都相近。苏轼颇仰慕白居易,说过"元轻白俗"这样的评语,指的是白居易的诗通俗易懂,而元稹诗中情感表达比较轻佻,这其实都是中唐文学世俗化的表现。

元稹,字微之,曾做过宰相。他的作品丰富,除了许多社会诗、讽喻诗外,也写了传奇《会真记》(又名《莺莺传》),成为元曲著名曲目《西厢记》的题材来源。据说男主角张生,极可能就是元稹自己。

元稹还有代表作《遣悲怀》多首,以及为因病去世的妻子韦蕙丛所写的一系列悼亡诗,情感真挚。

《离思》便是最知名的一首。"曾经沧海难为水,除却巫山不是云。"这两句掳获了天下无数有情人的心,"只有你能令我如此挚爱,情有独钟,除了爱你,再不会有心动的时刻了"。千年以来,多少痴男怨女以这两句表明心迹,诉尽衷肠,仿佛再找不到更精简、更准确的抒情了。

《离思》五首其四

—元稹—

曾经沧海难为水,

除却巫山不是云。

取次花丛懒回顾,

半缘修道半缘君。

> 看过了大海的壮阔，其他地方的流水便不足为奇了；除了缠绕巫山的云雾，其他地方的云彩都不能使我动容了。而就算经过姹紫嫣红的花丛，我也懒得回头望。有一半是因为修身养性，另一半则因为我一直深深思念着你。

这首诗蕴含着元微之与亡妻深笃的爱情，即使后来他又再娶，而且纳妾，对亡妻的深情仍旧不变。但是许多爱诗之人却不知道，这两句并不是凭空生成的，而是从爱讲道理的孟子与屈原的弟子宋玉的作品中演化而成。

《孟子·尽心篇》有这样两句话："观于海者难为水，游于圣人之门者难为言。"观看过壮阔大海的人，很难被其他的水所吸引；曾经在圣人门下学习过的人，很难被其他的言论所折服。原本是板起脸来正经八百地尊儒宣言，被元稹轻巧地转化成浓情蜜意了。至于宋玉在《高唐赋》里叙述楚王在巫山遇见神女，那是他生命中最旖旎幻奇的遇合，巫山之云也是他见过最变化万千的云。

神话一般的情境，寄托着永远不能相逢的、对爱妻的悼念。

新颖的花窗与风景

接下来是有匈奴血统，被白居易推崇为"诗豪"，诗风清新脱俗，与白居易齐名，并称"刘白"的刘禹锡。刘禹锡，字梦得，德宗时与柳宗元同榜登进士，晚年任太子宾客，故又称刘宾客，是诗人、古文家、政治家和哲学家。他关心国家、人民，力图革新，具有不屈服的拼搏精神，因而几度被贬官。五十几岁被贬为和州刺史时，写了自勉、自期的"铭"——《陋室铭》，名闻遐迩。

刘禹锡

《陋室铭》节录

山不在高，有仙则名；

水不在深，有龙则灵。

斯是陋室，惟吾德馨。

苔痕上阶绿，草色入帘青。

谈笑有鸿儒，往来无白丁。

山并不一定要很高峻，只要有神仙在山中，自然就会成为一座名山。水也不一定要很深幽，只要有蛟龙潜藏，便会焕发着灵气。虽然居住在这样简陋的斗室中，却因为我高尚的品德，依然有许多人愿意前来亲近。青苔爬上了阶梯，一片翠绿色，连同青草的颜色一同被送进帘子来。与我契合谈笑的都是学识渊博的儒者，和我交往的，绝没有庸俗而无修养的人。

他大量创作古文，并写诗讽刺时政，还有许多咏史怀古诗；在被贬期间，他接触了民间风俗，完成了一些民歌体的小诗，如《竹枝词》十余首，像一扇扇造型新颖的花窗，在唐诗中别开生面。

　　刘禹锡热爱生活，他的诗朴实清新，取材寻常，同时受到许多诗人与百姓的喜爱。如《金陵五题》的第二首《乌衣巷》，虽为怀古，但意在言外的是：时间面前，人人平等，不管你过得多么富贵，时光流逝同样无情。全诗运用了许多对比，以凸显今昔的反差，也用了充满色彩的意象，闪耀着柔和的黄昏之光。

——刘禹锡——

《乌衣巷》

朱雀桥边野草花，

乌衣巷口夕阳斜。

旧时王谢堂前燕，

飞入寻常百姓家。

译文　朱雀桥曾经车水马龙、往来繁忙，现在却冷落荒凉，长满了野草野花；乌衣巷曾经聚集名门望族，如今只见于夕照残阳中，寂寥不堪。晋代王、谢两家豪门堂前的燕子，早已飞入普通老百姓家的檐下筑巢了。

乌衣巷在今南京秦淮河岸，东晋宰相王导和谢安两大家族都住此巷，因两家子弟爱穿黑衣而得名，可说是名门士族的聚居地；而燕子这种禽鸟，也象征贵族生活。

　　身在中唐的刘禹锡，遥想昔日的繁华昌盛，如今却是荒凉不堪，斜倚残阳。而世家望族的没落，借由旧时筑巢于堂中的燕子飞入百姓家来呈现，"以小见大"，含蓄映衬，却显得技高一筹、匠心独运。沧海桑田，世道如梦，此情此景，令诗人感慨无穷。

　　而《竹枝词》这种民歌，在歌唱时会以笛、鼓伴奏，声调轻快，同时翩翩起舞。这种体裁也被诗人借用到作品中，最有名的就是刘禹锡的作品。他任夔州刺史时，写了十多首格调清新的《竹枝词》，为民歌风格的七言绝句，使他独步于元和年间，也是较早开始依曲调来填词的作家。

—— 刘禹锡 ——

《竹枝词》 其一

杨柳青青江水平，

闻郎江上踏歌声。

东边日出西边雨，

道是无晴却有晴。

春天杨柳青翠，江水冰融，上涨到与岸齐平。我忽然听到心上人的歌声，还踏着步子走来。他是不是也对我有意思？就像晴雨不定的天气，西边下雨，东边却放晴，看起来似乎是无晴（情），事实上应该还是有晴（情）的吧。

      刘禹锡《竹枝词》中最知名的一首，是以女子口吻写成的情诗。叙述一位少女喜欢上一个少年郎，却不肯定对方是否也喜欢她，怀抱着"既期待，又怕受伤害"的心理，忐忑不安。而当心上人踏歌前来，她便借着问天气是有"晴"还是无"晴"，巧妙地套问：你对我是有"情"还是无"情"呢？

      晴与情，乃修辞法中的谐音双关。诗句将难以捉摸的情感，含蓄地表达了出来，少女追求爱情与幸福的心理状态，也就跃然纸上了。

苦吟诗人第一号

      还记得一再落榜、一再书写下第诗的孟郊吗？他四十六岁才考上科举，以《登科后》记录了得意狂喜："春风得意马蹄疾，一日看尽长安花。"但他直到五十岁才得到一个小小的官职，从没有高官厚禄。《唐才子传》说他"拙于生事（生计），一贫彻骨"，一生穷困到了骨子里。去世时，连买棺材的钱都没有，需靠韩愈等友人解囊相助才得以下葬。尽管如此，他为人耿介，不肯随波逐流，也写了许多诗描绘农民的痛苦、妇女的劳累、贵族的骄奢，是很受韩愈推崇的诗人。

孟郊对文学很有见解，与韩愈、贾岛等人发扬杜甫"语不惊人死不休"的精神，甚至主张立奇惊俗，要脱离平庸，是"奇险派"的代表。孟郊对作诗相当狂热，为避免一般化，往往苦思字句，常常陷入钻牛角尖的苦恼，被称为"苦吟诗人"；也如被诗困住，因此和情况类似的贾岛同被称为"诗囚"。孟郊曾写过这样两句诗："出门即有碍，谁谓天地宽？"人生道途与作诗的历程，对他来说都很曲折艰辛。

孟郊的苦吟，有时也为追求奇险，苏轼形容他"诗从肺腑出，出辄愁肺腑"；但他也有平易近人的诗，如流芳万世的《游子吟》，真的是从肺腑之中流出的真情至性。

—孟郊—

《游子吟》

慈母手中线，游子身上衣。

临行密密缝，意恐迟迟归。

谁言寸草心，报得三春晖？

译文：慈母在孩子即将远行时，总是忍住分离的悲伤，一针一线为孩子缝制衣裳。缝得很扎实、很紧密，因为怕他受寒，又担心他不能早日回家，于是终日惆怅着。有谁能够说寸草般微小的子女，报答得了像春天阳光那么伟大的母恩呢？

《游子吟》的知名度与"人气"都超高，应该是孤寒坎坷的孟郊意想不到的。它在形式上是一首古诗，借游子感恩的心来表达母爱的伟大。

　　这样温暖的题材，他也要写得与众不同。居然两句一对，全诗对仗，可以想象他字斟句酌、绞尽脑汁的坚持与执着，苦吟诗人果然名不虚传啊！

　　诗中"寸草心"是渺小的儿女，反哺之心；"三春晖"是伟大的母亲，爱的笼罩。母亲对子女随时随地的关切和无微不至的照顾，透过短短六句话，具体地表达出来，那深恩，真的难以报答。

推敲十年磨一剑

　　年龄比孟郊小了近三十岁的贾岛，是苦吟诗人及诗囚第二号，同为奇险派人士。苏轼称他俩"郊寒岛瘦"，但说的不是外貌，而是他们的文字多半令人感觉冷峭、单薄、枯瘦。但在思想内容、创作道路上，贾岛与孟郊却有颇多不同。

　　因为早年生活太穷苦了，贾岛当过和尚，后来遇见了赏识他的韩愈，才还俗考上进士。他曾被贬官到长江，时人也称他"贾长江"。他用作诗代替生活，安于寂寞幽隐，"一日不作诗，心源如废井"。亦常因炼字铸句而苦思，"二句三年得,一吟双泪流",三年才写得两个好句子,就令他高兴得流泪。这位奇险派门人爱写萤火、蚁穴、蛇与怪禽等,过于晦涩怪异;但也写过《剑客》(一说《述剑》):"十年磨一剑,霜刃未曾试。今日把示君,谁有不平事?"这种豪气的诗,虽然抒发怀才不遇的苦闷,但若有施展抱负的机会,他也是义不容辞的。

而"松下问童子,言师采药去。只在此山中,云深不知处。"这首小朋友都朗朗上口的《寻隐者不遇》,也是出自奇僻清冷的贾岛之手。

这首诗虽然说的是"不遇",却很巧妙地把隐者隐藏在诗中的每一句,像是首句的"松"字、第二句的"药"字、第三句的"山"字与第四句的"云"字。这四种意象便是隐者的生活环境、活动状况、心态、精神。短短二十个字,反复玩味,真是意趣无穷。

除此之外,据说《题李凝幽居》一诗,促成了他和韩愈的相识,并创造了沿用至今的新名词。

——贾岛——

《题李凝幽居》

闲居少邻并,草径入荒园。

鸟宿池边树,僧敲月下门。

过桥分野色,移石动云根。

暂去还来此,幽期不负言。

你隐居在邻居稀少的幽静地方,只有一条杂草丛生的小路通向荒芜的庭园。鸟儿安静地栖息在池边的树上,月夜造访,僧人我轻敲着柴门。走过小桥,原野迷人的景致映入眼帘。明亮的月光照射下,我踏着石头走动,山石也好像在移动呢!暂时要离开了,但不久我还会再来,绝不辜负和你一起隐居的期约。

那时贾岛夜晚去拜访名叫李凝的朋友,友人住的地方非常幽静,诗人见了立刻构思新诗了。诗中充满原野景致,"移石"是踏石,"云根"指大石头。回程的路上,他在"鸟宿池边树,僧敲月下门"句中,始终无法决定用"推"还是"敲"字,便又开始炼字铸句、反复诵读了。因精神太过集中,没注意到鸣锣迎面而来的官轿,不知避让,于是被逮至轿前听候发落。

原来这是大官韩愈的轿子。韩愈问明缘由,为贾岛严谨的态度所感动,便也帮着思考起来,提出见解,认为用"敲"字比较好。敲,是一个动作,会发出声音,更能显出周遭的寂静来,艺术效果的确更强。贾岛如获至宝,深深伏首下拜,尊称韩愈为"一字师",后来也拜在韩愈门下。

贾岛应该没想到,这段"推敲"缘分竟流传了一千三百年,被用于比喻写文章或做事,经过反复的思考、琢磨。两位文学家的相遇,也成了一段佳话。

天若有情天亦老

近代人在形容情爱折磨人或寻觅不到伴侣时,总是喜欢吟一句"天若有情天亦老"。殊不知这是出自唐代天才诗人李贺的《金铜仙人辞汉歌》中的句子"衰兰送客咸阳道,天若有情天亦老"。

这首诗写汉武帝在长安宫殿前造了二十丈高的金铜仙人,汉亡后,三国曹操的孙子魏明帝命人运取金铜仙人,东迁到许都。据说金铜仙人被运上车前,居然流下了眼泪,仿佛在哀伤一个王朝的灭亡。这是李贺辞官离京前往洛阳时写的,时为中唐后期,即将进入晚唐,国势衰弱。他以王孙身份作了此诗,借金铜仙人被迫迁离故土的哀伤,托古讽今,以表达深沉的愤慨。

铜人流下眼泪,凋萎的兰花看来也很惆怅,这些拟人的情感,精彩绝伦,可见诗人想象力的丰富。而最为闻名的是"天若有情天亦老"一句,意思是说,苍天啊!你若是有感情的话,也会感到难过,因而变老啊!

然而后人喜欢将"天若有情天亦老"用在爱情上,还当作上联,接了很多自创的下联。宋朝石延年吟出"月如无恨月常圆",被公认是对得最好的。

鬼才诗人李贺,字长吉,是唐朝皇室后裔,但家道没落,相当贫困,且因父亲名叫"晋肃",和"进士"音近,妒忌他才华的人便以此为理由,要他避讳,阻止他参加科举考试。韩愈很生气,为他抱不平:"父名'晋肃',儿子不得举进士;若父名'仁',儿子就不能当人了?"

七岁能写诗文而名动京师,少年时又才华出众的李贺,纵有"雄鸡一声天下白"的壮志,最后只当了一个执掌祭祀的九品小官及私人幕僚,落魄不得志。

他从小体弱多病,个性苦郁敏锐,药囊不离身,却有一身傲骨;常骑着一匹瘦马四处找灵感,想到什么好句子就写下来放进锦袋中,然后不停吟读,回家再整理成诗。

他的母亲常常打开锦囊看着他写下的那些句子,担忧又心疼地说:"是儿要当呕出心乃已尔。"他后来果然心力交瘁而死,死的时候只有二十七岁。

那时人们都抢着读李贺新写成的诗,因为他创造的奇特想象实在令人为之意乱神迷。仿如偶像般的他,虽然生命短暂,可是艺术成就非凡,留下了两百首好诗。李贺爱用比喻奇特、色彩艳丽的字词,加上丰富新颖的想象力,往往造就诗中朦胧凄美的意境,具浪漫主义精神,更有独创风格,为诗歌开辟了新天地。

也因他题材多样的诗作中,有部分描述神仙鬼怪,呈现"鬼气森森"的感觉,故其又有"诗鬼"之称。例如古体诗《苏小小墓》。苏小小是南北朝钱塘著名歌伎,总乘着一辆油壁车,且勇于追求爱情。她的墓在杭州西湖西泠桥边,李贺到她墓前凭吊,感叹她爱情的不幸遭遇,便作了这首很有创造性的诗。乍看相当梦幻浪漫,全篇无一"鬼"字,却是他的写鬼名作。全诗情景诡丽,运用示现法,巧妙比喻，时空交错，营造出苏小小的形象，好像在墓前现身一样，空灵缥缈，气氛及意象阴森幽冷。连有光无焰的磷火（鬼火），都比喻为"冷翠烛"，凄楚而又绝美动人。

唐代诗人著名的称号

诗仙：李白

诗圣、诗史：杜甫

诗佛：王维

诗家天子：王昌龄

诗魔：白居易

诗豪：刘禹锡

诗囚：孟郊、贾岛

诗鬼：李贺

《苏小小墓》

— 李贺 —

幽兰露，如啼眼。无物结同心，烟花不堪剪。草如茵，松如盖。风为裳，水为佩。油壁车，夕相待。冷翠烛，劳光彩。西陵下，风吹雨。

译文 兰草上晶莹的露水,是她含着泪的眼睛。世间所谓坚贞的爱情都不能信,无人可与结同心,即使想剪下灿烂的花儿编织成结作为信物,花儿也如此缥缈不可及。看啊,四周绿草如茵,松荫如盖。春风中,她衣袖飞扬,环佩流水般轻响,乘坐的油壁车,也依然在暮色中等待。然而,闪烁的磷火为她照亮黑暗也是徒劳,只留一缕芳魂在西陵的松柏下,凄风持续吹着苦雨。

除了"鬼"之外,"死""老"等字更是大量存在于这位年轻人的创作中,可见其风格与其他诗人迥然不同。

时至现在,我们每每感叹时间不够用、人生苦短时,便想起李贺的歌行体诗《苦昼短》,不免要吟起:"飞光飞光,劝尔一杯酒。吾不识青天高,黄地厚。唯见月寒日暖,来煎人寿。"看诗人将无形且无情的时光拟人化了,而且用呼告方式"飞光飞光"的叠称,更令人感到时光的飞逝与难以掌握啊!

李贺

《苦昼短》

飞光飞光,劝尔一杯酒。吾不识青天高,黄地厚。唯见月寒日暖,来煎人寿。食熊则肥,食蛙则瘦。神君何在?太一安有?天东有若木,下置衔烛龙。吾将斩龙足,嚼龙肉,使之朝不得回,夜不得伏。自然老者不死,少者不哭。何为服黄金,吞白玉?谁是任公子,云中骑碧驴?刘彻茂陵多滞骨,嬴政梓棺费鲍鱼。

时光啊!如飞的时光啊!停一下脚步,喝杯酒吧!我不知道天有多高、地有多厚,只真实看见人的生命在夜寒日暖的温度变化中消殒,年华不停流逝。富人吃熊掌,穷人吃蛙,一个人的胖瘦及寿命长短,都跟他的饮食有关,有生必有死,非常自然,所以世上根本就没有汉武帝供奉的神君、太一那种保佑人长生不老的神仙哪!天的东边有株名叫若木的大树,其下有条衔着烛火的神龙,能把黑夜照亮。如果我将烛龙杀了,吃它的肉,使它无法更替昼夜,那么老者就不会死,少者也不会哭,就解除生死之忧了,何必服金、服玉,或辛苦炼造、服用不死不老的仙丹呢?传闻中骑驴升天的仙人任公子,那到底是谁?汉武帝刘彻茂陵的寝墓,遗留下一堆凡骨,根本没有成仙这回事;而秦始皇派人入海求仙,四处寻不死之药,死后耗费大量的鲍鱼也难掩尸臭,还不是枉费心机!

其实这首《苦昼短》是针对皇帝迷信求仙的讽喻诗，却以独特的艺术方式传达。天生体弱，又常呕心沥血于诗句的李贺，对于昼短是最有感触的。在本诗中，他从慨叹生命短促，殷勤向时光劝酒，希望它慢下步履开始，到以神仙、传说来设想解除"昼短"之苦的方法，再到最后四句的结论，强调求仙不是延长寿命的办法，因为历史上意图长生不死而求仙的帝王，最终也都死了。他公然和当时唐宪宗的"好神仙，求方士"唱反调，对其荒唐行径导致上行下效的风气，进行了严厉的讽刺与批判，议论性极强。

人都有一死，这是自然不变的准则、牢不可破的真理，与其汲汲于长生不死，不如把握有限光阴，为生命留下一番意义吧！李贺英年早逝，作品却流芳千古，在文学史上有很大影响力，他的艺术成就，展现了"不死"的生命意义。

中唐的诗人当然知道，这不是最好的时代。无能的君王，昏庸的朝廷，忠诚、良知、正直这一类的价值都在崩毁中，但这也是属于他们的时代，他们依然热烈地歌咏，热切地改革，热情地拥抱创作与生命。最耀眼的盛唐一去不回了，中唐的诗坛却仍保持着跃动与温度，仿佛这样才能将一个朝代的脉动延续下去，永不止息。

【唐诗精妙解析】

模式一　《乌衣巷》的情景烘托

朱雀桥边既然草长花开，应是春天来临，但刘禹锡加个"野"字，荒凉、萧条之感便油然而生了。另外，他写乌衣巷笼罩在斜阳残照下，所以日薄西山、凄惨寂寥的感觉也就上来了，而不是选在艳阳高照、

万物蓬勃的早晨去形容它。这就是我们针对主题写作时，必须注意的情与景的烘托，把握了这一点，也就掌控了自己想营造的文章意境与氛围。

模式二　"动作"是全诗的亮点

创作的时候很多人习惯性地运用许多形容词，却发觉这些形容并不能达到生动的效果，也无法让读者感同身受。而贾岛的"僧敲月下门"，这个敲的动作，正是全诗的亮点，也是我们学习的范例。又像是李贺的"来煎人寿""斩龙足，嚼龙肉"，都用了具体的动作来夸饰出时间的感受。这样的语句很新鲜，是创作时可以尝试的好方法。

/座右铭/　野火烧不尽，春风吹又生。

星星之火微弱，却足以燎原；看似脆弱的小草，怎么也烧不掉。人生在世，都会经历挫败，而挫败之后，只要心存善根，并坚毅、努力，仍然可以展现不屈不挠的生命力，捍卫自己，也奉献社会。

主题十二 乐游园上的余晖——晚唐诗

乱世的螃蟹与珊瑚

中唐之后到唐朝灭亡的七八十年，一般称为晚唐。这时期花朵已经枯黄、干枯，想绽放却力不从心了。大家也都明白，瑰丽春天随风逝去，而且彻彻底底远离，不会再来了。

晚唐延续之前的国家与社会的问题，并且有过之而无不及。皇帝成了宦官手中的傀儡，藩镇割据越发剧烈，人民在重重剥削、压迫下，终于揭竿起义，爆发了"黄巢之乱"。政治的衰微、腐败，文学创作往往有所反映。此时的部分诗歌沉迷于华艳声色及格律技巧，向形式主义发展；有的又展露了关心人民、反映社会的光芒，却显得消极许多。

而有一批先知先觉的诗人，感受到诗的时代将要结束，于是寻找并尝试着新的形式与音乐，像是并称"温韦"的温庭筠和韦庄，大量地创作"词"，开启了后代的填词风气。仿佛开出了不同世界的花朵，然而却一样有浓厚的感伤气氛，反射出那个时代共同的烦忧和空虚。

这样的乱世里，仍然有许多知名的花朵，例如说过"牡丹"是"独立人间第一香"的皮日休。皮日休，字袭美，自号闲气布衣、醉吟先生。他出身贫寒，和陆龟蒙为诗友，互相唱和，两相齐名，世称"皮陆"。皮日休当过官，也曾被劫从军，参与黄巢的农民起义，还受任过翰林学士，能力相当好。他在当代是个性相当特别的人，喜欢嘲谑、开玩笑，却又有些傲慢，曾写过《咏蟹》自述强悍的性格。

皮日休

《咏蟹》

未游沧海早知名，

有骨还从肉上生。

莫道无心畏雷电，

海龙王处也横行。

我还没到大海，就威名远播了。我的肉上，长着硬硬的甲壳，十分强壮。别说我没有心肠，所以不怕雷电，其实我浑身是胆，就算在海龙王面前也是无所畏惧，横着走的啊！

    螃蟹有许多特点——长着硬壳，无肠，还横着走路，形象相当鲜明。加上无惧雷电和龙王，诗人便用以寄托自己响亮的名气与天不怕地不怕的傲骨，且敢于冲撞体制、不畏强权，以及硬得像石头的品格。袭美先生从螃蟹逗趣的外形刻画出叛逆的内在，成功地借物抒怀，让人逐步了解它蕴含的思想与旨意，读来十分有趣。

皮日休的性格剽悍且愤世嫉俗,爱喝酒,作品多半流露对现实的不满,愤慨而无奈,像这首《春夕酒醒》便是他的诗酒名作之一。

皮日休

《春夕酒醒》

四弦才罢醉蛮奴,

醽醁余香在翠炉。

夜半醒来红蜡短,

一枝寒泪作珊瑚。

宴会中弦乐昂扬,连歌姬和奴仆都醉倒了。主人畅饮醉极,半夜醒转,发现乐止人散,但翠炉中的美酒余香还在。那照明用的红蜡烛已经烧得短短的,孤零零的一支,残蜡如泪,不停流下,凝结成凄美多姿的珊瑚,正似我的人生,寒凉却又美丽。

诗人醉醺醺地在春天夜半醒来,发现声停人散,红烛渐短,只能独自品尝狂欢后的空虚。于是想起好友,写了《春夕酒醒》寄给陆龟蒙。诗中的蛮奴,指的是来自南方的歌姬、奴仆;醽醁,是古代的美酒名。他不写自己醉了，却写歌姬都喝醉了，于是我们感染了热烈的气氛。酒醒之后，翠炉的醽醁酒气仍然余香扑鼻，画面却是孤独寒凉的。想到自己半生已过却壮志未酬，不正如这凄楚的红色残蜡吗？在诗人眼中的红蜡烛，此刻竟散发出珊瑚般的美丽色泽，令人留恋喜爱。

诗中运用了许多的感官描写，"翠炉""红蜡""珊瑚"的色彩视觉、"四弦"的听觉、"醽醁"余香的嗅觉，相当丰富，却不免有些辞溢乎情，形式之美超越了内在情感，确实是走到了诗的世纪末。

江湖散人茶博士

陆龟蒙，字鲁望，自号江湖散人、甫里先生。他不愧为皮日休的诗酒死党，接到诗后，便回了一首题为"和袭美春夕酒醒"的诗："几年无事傍江湖，醉倒黄公旧酒垆。觉后不知明月上，满身花影倩人扶。"也写夜半酒醒所见的情景，表现了酒醉于月下花丛的闲适、潇洒之情，并想仿效西晋"竹林七贤"那般放饮。因为对腐败的朝廷不满与失望，只能寄情于饮酒作乐啊。

"皮陆"两人时常一起喝酒吟诗，相互唱和，而游山玩水、弈棋、钓鱼也少不了。此外，出身官宦世家的陆龟蒙，是文学家也是农学家，隐居在江南的水乡甫里，辛勤自耕，不贪图物质享受，他所做的研究，在农业发展史上有着重要的地位。

《唐才子传》描述他是一个自小聪颖、知识渊博、品位高致及有丰富幽默感的人。他家中藏书万卷，不喜欢和俗人交往，也拒绝朝廷以高士名义征召他入朝为官，而以隐士自许。除了好饮酒，他更爱饮茶。当时的茶叶名家陆羽和皎然，分别著有《茶经》和《茶诀》，而陆龟蒙不但开设茶园，还写了《茶书》，可惜失传了。

他的《奉和袭美茶具十咏·煮茶》写道："闲来松间坐，看煮松上雪。时于浪花里，并下蓝英末。"冬雪中，他悠闲地坐在松树环绕之间，煮着松枝上搜集而来的白雪，欣赏雪融为水又沸腾成为浪花的样子，再放入蓝色花粉般的茶末。这位茶博士的生活真是唯美极了！

他的诗很多是写景咏物、托古讽今的，如《白莲》一诗，写出白莲花的精神，也另有一番寓意。

《白莲》

素蓓多蒙别艳欺，

此花端合在瑶池。

无情有恨何人觉，

月晓风清欲堕时。

——陆龟蒙

素雅的白莲，被艳丽红荷抢尽了风头，其实这冰清玉洁的白莲花，真应该生长在西王母的瑶池仙境里，而不该在庸俗的人间。纯洁高雅的白莲，看似无情，心中却有着遗憾与幽怨，只是无人能够了解。在即将破晓的月色中，在清凉怡人的风里，它自开自落，永远美丽无瑕。

一般人比较喜爱色彩鲜艳夺目的红莲，容易忽略洗尽铅华的白莲，但白莲的素雅，在陆龟蒙眼中才是绝美，红莲不过是"别艳"。此诗寄托着洁身自好的人，在黑暗腐败社会里的孤芳自赏，尽管被冷落、排挤、埋没，也要像清丽的白莲花，高雅独立，自开自谢。这意味着他这朵白莲，在唐末动荡年代里，是寂寞的，是一种孤独的存在，却展现了不凡的格调。

新嫁娘遇见考生

以物喻情、以况拟意的好手，还有中唐末、晚唐初期的朱庆馀。他的《近试上张水部》一诗，便隐喻细腻，令人赞佩。张水部就是时任水部员外郎，为了委婉拒绝"挖角"而写出"还君明珠双泪垂，恨不相逢未嫁时"的那位著名诗人——张籍。

朱庆馀

《近试上张水部》

洞房昨夜停红烛，

待晓堂前拜舅姑。

妆罢低声问夫婿，

画眉深浅入时无？

昨夜新房里红烛通宵点亮着，就是要等待天亮时到堂前去拜见公婆。我打扮好、化妆完成后，还是不禁悄声问丈夫："我的穿着打扮还好吗？画的眉形合宜吗？时髦吗？"

  唐代科举考试并不弥封试卷，考官可以看见考生的姓名，因此考生都得在考前让主考官对自己印象深刻。于是，他们四处向当时有文名或地位的人献上作品。朱庆馀便是这样，在进士考期将近时，挑了一些作品请张籍赐教。然而呈上作品几天之后，却没有回音，朱庆馀心里着急，想去打听又怕太冒昧，于是写了这首诗奉上。

  此诗又名《闺意献张水部》，是内心很曲折的作品，怕把话问得太明白了，令人反感；又怕没把话说明白，无法达到想要的目的。所以表面写新婚女子刚嫁入新环境，第二天要拜见公婆，从黑夜到清晨都十分紧张的心情，其实是将考官比作了公婆；也反映出临考前，考生对自己文章与前途的期待和不安。他以新嫁娘来自况，那低声一问，却天下闻名的"画眉深浅入时无"，其实是问考官："我的文章适宜吗？合乎要求吗？"

后来张籍回复他一首《酬朱庆馀》："越女新妆出镜心，自知明艳更沉吟。齐纨未足时人贵，一曲菱歌敌万金。"将朱庆馀形容为一位既相貌美，又有好歌喉的采菱姑娘，必然会出类拔萃，暗示他不必担心。朱庆馀因此名动当时，后来也受到赏识他的张籍的提拔。"画眉深浅入时无"一句，刻画入微，不仅当代知名，连后代都喜欢援用，可谓流传千古。

风流才子，扬州一梦

这一时期的代表性诗人还有杜牧、李商隐、温庭筠、韦庄，他们也是晚唐唯美派诗人。杜牧和李商隐对诗坛的贡献尤其大，两人并称为"小李杜"。

杜牧，字牧之，号樊川，先祖杜预是晋朝大将军，祖父杜佑是唐代三朝宰相，家势显赫。但父亲早逝，他生性又倜傥潇洒、刚直、不善逢迎，所以仕途并不顺遂。受到排挤后，他应淮南节度使牛僧孺之聘，到扬州为节度使掌书记。著名的《遣怀》诗"落魄江湖载酒行，楚腰纤细掌中轻。十年一觉扬州梦，

赢得青楼薄幸名",道出他在繁华扬州放浪形骸的享乐生活。他的诗作时常提到扬州,使得杜牧之于扬州,形成了一种必然的联结,称他为扬州的代言人也未尝不可。

而《赠别》二首,则是他因为调职,要离开歌舞升平的扬州,与担任幕僚时结识的歌女分别时所作。一贯的清新细腻、高华绮丽之风,使得这两首诗十分著名。

杜牧

《赠别》二首其一

娉娉袅袅十三余,

豆蔻梢头二月初。

春风十里扬州路,

卷上珠帘总不如。

她正值姿态轻盈美好的十三年华,有如二月初含苞待放的豆蔻花。我看遍了春天扬州十里长街的佳丽们,她们妆容明丽,卷起珠帘,没有一个比得上她。

杜牧

《赠别》二首其二

多情却似总无情,

唯觉樽前笑不成。

蜡烛有心还惜别,

替人垂泪到天明。

多情如我们,在分离时刻,无语得倒像无情的人一样。饯别的筵席上,我拿着酒杯,怎么也笑不出来。而席上的蜡烛就像我的心,感染了惜别离愁,不停落下泪来,就这么为我们哭泣到天明。

第一首描写的歌女必然十分年轻,全诗弥漫着春天的气息。绵延十里长的扬州城道上,许多美丽的女子都卷起珠帘,争奇斗艳,希望能得到赞赏。杜牧却用一种专业选美评审的姿态,做出了最后的评定:"比不上啊!她们通通都比不上你呀!"牧之这么会夸赞人,到了分别时还说出这样的甜言蜜语,确实很具威力,那年轻美丽的歌伎,怎么能忘记他呢?怪不得他在扬州赢得"薄幸名"了。

第二首则写充满情感的离别场面。"多情却似总无情"是千年公认的神来之笔。情到浓时,浓到无法表达,只能相顾无语,倒像无情一般,只有性情中人方能懂得。而用蜡烛拟人,以物喻情,"蜡"等于"泪",情感描摹得真切动人,实在是写情高手。

很难想象杜牧情书写得这么好、情话说得这么甜的人,还是文学史上很重要的咏史大家呢。这就是杜牧的复杂性,不仅能论大事,还细腻精致。

他出生于内忧外患严重的晚唐,关心国家,胸怀抱负,二十三岁就写了著名的《阿房宫赋》讽刺时事;《过华清宫绝句》,也借骑兵千里急送荔枝给杨贵妃享用的历史,讽刺皇室的骄奢。

众多咏史诗中,《泊秦淮》的背景是六朝繁华的都城金陵。诗人在此以景抒怀,除了描写秦淮河夜色,更借卖唱歌女的歌声,慨叹如今当权者昏庸奢靡,也讽刺达官贵人在国势沉沦时仍痴迷于亡国之音,整个社会都缺乏积极向上的心态,眼看就要重蹈六朝灭绝的覆辙了。

— 杜牧 —

《泊秦淮》

烟笼寒水月笼沙,

夜泊秦淮近酒家。

商女不知亡国恨,

隔江犹唱后庭花。

 朦胧的烟雾笼罩着寒冷的江面,月色也笼罩着沙洲。夜晚,我的船停泊在靠近酒家的秦淮河畔。歌女们不了解亡国之恨,还在对岸唱着南朝后主所作的靡靡之音:《玉树后庭花》。

我们在诗里，见到烟、水、月、沙，仿佛还听到那软香摄魂的靡靡之音，融合成一幅淡柔却凄清的景色图画，画面鲜明，完全表达了诗人哀愁的心境。诗中有一首关键乐曲《后庭花》，它又称《玉树后庭花》，是南朝陈后主所作，曲调非常柔靡哀婉。这首歌曲曾在陈后主的筵席上演唱，不久之后，陈国便亡国了，因此，人们便将这首歌曲视为亡国之音。

商女指的是歌伎，对歌伎来说，改朝换代并不是什么重要的事，她们是比较没有国家民族意识的人。只要是宾客喜欢的歌曲，她们都能唱，也都愿意唱。因此，商女唱着《后庭花》，其实是宾客们喜欢听这样的靡靡之音，这才是杜牧真正的感慨与忧虑。

像一只蚕那样相思

"夕阳无限好，只是近黄昏。"大家朗朗上口的这两句诗，便出自晚唐李商隐的《登乐游原》。李商隐，字义山，号玉溪生，生于衰落贵族之家，因贫穷而发愤苦读，十六岁便以文才声名大噪。

李商隐的诗作流传后世的有六百多首，成就较高的是抒情诗，主要也是自抒人生际遇之作。他的诗风典雅华丽，又喜欢运用典故、象征和暗示，有时候让人难以捉摸，充满隐晦暧昧。但是许多人都很喜爱的《夜雨寄北》则相当不同，有一种明畅朴素的情感。

---李商隐---

《夜雨寄北》

君问归期未有期,

巴山夜雨涨秋池。

何当共剪西窗烛,

却话巴山夜雨时。

你问我何时能够回家,但我也无法掌握归期。今夜的巴山正下着大雨,秋雨使得池水高涨。我什么时候才能在西窗下和你彻夜长谈,一起剪着烛芯,回顾当年的此刻,我在巴山雨夜收到家书时的心情呢?

那时他离开长安,开始天涯漂泊。在四川旅途中,他收到妻子从长安捎来的家书,这二十八字小诗,是他回复给妻子的信,纸短情长,表达了辗转反复的思乡思人感怀。

"不避重复"是这首诗的特色。"巴山夜雨"重复出现两次,显现出在四川的这个夜晚是很重要的。这是他体会着妻子思念他的时刻,也是他最为想念妻子的时刻,他的思念就像是被雨水涨满的池塘。

他的思绪甚至跨越了将来他们重逢的那个夜晚,必然是秉烛夜谈,喋喋不休,有太多说不完的话了。而在巴山下着雨的这个夜晚,也将成为他们的话题。

全诗的时间、空间倒错，来回往复，成就了不朽的杰作，而成语"剪烛西窗"也是由此而来。

在政治上，李商隐遭遇了"牛李党争"，处于牛僧孺、李德裕两大集团的夹缝中，左右为难，有苦说不出。于是他仕途颠沛，最后便在政治失利、爱妻去世的双重打击下，清寒、郁闷地度过了余生。

和杜牧一样，李商隐也很会写情，且文字纤巧秀丽，其中最独具一格、引人注目的便是"无题"诗，大都以爱情、相思为题材。相传他年轻时曾在玉阳山一带修道，却与女道士相恋，因不被礼教容许而没有结果。

这种禁忌的恋爱带给诗人太多刺激和灵感，于是他抒发为许多"无题"诗，内容梦幻迷离，隐晦难解，又精于用典、用暗示，往往造成曲折迂回的美感，却也让爱诗之人因难以解读而觉苦恼。

如这首《无题》，象征着有情人不能相会，却又难以割舍的情感，道尽了无力改变现状的感伤和无奈。有人则说李商隐是隐喻个人力量的薄弱，无法扭转国家现况。

《无题》

— 李商隐 —

相见时难别亦难，东风无力百花残。

春蚕到死丝方尽，蜡炬成灰泪始干。

晓镜但愁云鬓改，夜吟应觉月光寒。

蓬山此去无多路，青鸟殷勤为探看。

 要相见已经很难了,谁知离别时更难割舍。春风无力地吹拂着,百花也只能凋零飘落。我对你的思念长久,就像春蚕直到死了才能吐完一生的丝;我的泪也像蜡炬,烧成灰了才有流干的一天。白天照镜子的时候,只愁发丝渐渐变白,但如果你看得到我,就一定会发现我每晚在凄寒的月光下痛苦吟着诗,无法入睡。你的住处与我相隔不远,我们却无法见面,只能不辞辛劳地写信给你,期盼青鸟信差为我们传递相思了。

到底是与女道士的恋情还是政治隐喻呢?众说纷纭,莫衷一是,而这正是李商隐"无题诗"的特色。

"东风无力百花残"说尽了无奈,而既然改变不了事实,只能以"春蚕到死丝方尽,蜡炬成灰泪始干"来表白思念的长久不断绝。后世更常以这两句代替坚贞不移的爱情,最为人传诵。

诗中"蓬山"本指海上仙山,这里指对方的住处;"青鸟"本是西王母的使者,此处借指信差。再怎么痛苦、伤怀,也要尽最大的力气维系住得之不易的情感,谁读了能够不动容?

如此清丽婉约的语言、曲折的意境,使李商隐在政治上虽无足轻重,却无疑是晚唐诗坛中灿烂亮眼的大明星。

如烟消逝的惘然

而另一首《无题》，正是李商隐怀念他的人生中极珍贵而美好的一段记忆，也表达了对欢乐时光的不舍。

《无题》

李商隐

昨夜星辰昨夜风，画楼西畔桂堂东。

身无彩凤双飞翼，心有灵犀一点通。

隔座送钩春酒暖，分曹射覆蜡灯红。

嗟余听鼓应官去，走马兰台类转蓬。

昨夜是个星光灿烂、凉风习习的夜晚，我们的宴席就设在画楼西畔、桂堂的东边。此刻我们虽不能像彩凤般双翼齐飞，幸好心有灵犀，情感可以相通。回想酒筵上，隔座对饮，春酒暖心，大家玩着猜钩的游戏；还在烛光泛红之下，分组行酒令。一直到清晨，可叹我听到应该上朝点卯的鼓声了，只好策马赶到兰台办公的地方去，我感叹我的人生，如随风飞扬的蓬草那般飘零啊！

据说这是他参加同事庆贺升官的"派对"后引发的感慨。因为升迁总轮不到他，但又不能直说，只好寄托于爱情的描写。

头两句开门见山地点出聚会的时间和地点，没写发生什么事，却能透过三、四句的怀念得知诗人遇见了彼此契合的知音。而现今两人受环境阻隔，虽不能如彩凤般比翼双飞，幸好心灵可以相通。

五、六句则带领读者到宴会上的欢乐场面，更衬托出现在的分隔两地是多么令人惆怅。最后一联写聚会进行到尾声，他非常不想离开，但晨鼓催促，必须赴朝上班，去秘书省面对寂寞乏味的校书时间了。这不是"星期一症候群"，而是他功业之路的崎岖，与前述的欢乐对比相当强烈，使诗人不免感叹起自己坎坷、漂泊的一生。

乖舛的际遇，加上忧时伤国的悲哀怨恨，让李商隐这位多情诗人总是怀着悲观主义，难以超脱，却成就了无数典丽沧桑、意境幽渺的作品。

他还有只取诗中两字当作题目的诗，其实也是另一种"无题"，多以象征的手法描写寂寞伤怀，或是对爱情的复杂心情，形式唯美，思想深刻而哀伤。

《锦瑟》便是这样一首诗，只以诗句的前二字为题，令人困惑难解，后代注释"百百款"，使得《锦瑟》成为一个没有谜底的谜面。

李商隐

《锦瑟》

锦瑟无端五十弦,

一弦一柱思华年。

庄生晓梦迷蝴蝶,

望帝春心托杜鹃。

沧海月明珠有泪,

蓝田日暖玉生烟。

此情可待成追忆,

只是当时已惘然。

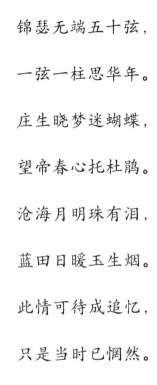

译文　锦瑟呀锦瑟,你为何平白无故有五十条弦呢?每一弦、每一音符都令我想起难忘的年华啊!我的一生,就像庄周梦蝶,似真似幻,好不迷惘!又像望帝化为杜鹃,在凄楚悲鸣中想唤回春天一样。回忆往昔,不禁泪下,我仿佛身在沧海之中、明月之下,看到的是珍珠的美丽光芒,还是泪影呢?而青春美好的理想,如同蓝田日暖的玉石烟气,一靠近就看不到了。这种美好破灭的悲伤之情,哪里是追忆起来才有的呢?其实在当时便已不胜怅惘了。

他年近半百时,看见一把装饰得很华丽的瑟,盯着它的五十根弦,就这么回忆起自己的一生,于是有感而发地写下旷世名作。

诗人怨怪锦瑟为何有那么多弦,其实只是借题发挥,因为听到乐音便想起了前尘往事啊。紧接着,他用庄周梦蝶及蜀国望帝化为杜鹃鸟啼春的典故,来慨叹一生迷离若梦,留不住美好光阴。

他有明珠、美玉般的才华,却贫病交迫、功业无成,完全能体会那种时运和理想无法掌握的悲哀,美好事物可望而不可即,终致幻灭。这一切只能成为回忆了,而当自己身在其中时,却也是感到无尽的迷惘啊。

有些遭遇和情感,是要等到事过境迁才会觉得可叹可惜的,李商隐却是在当下,便已有了怅然若失的、哀愁的预感。

全诗写法跳荡,让人读来如入扑朔迷离之境,真正的题旨虽不易懂,但仍被唯美瑰丽、辗转反侧的深刻情意所吸引,为壮志难伸的抑郁取代了美好时光而抱憾,感受到诗人的茫然若失,也似乎懂得了他四十六年的无力和无奈。

史上无可超越的大唐王朝,难道是蝴蝶做的一场梦吗?那些曾经的美好,就像是珠有泪,也像是玉生烟,杳然不可触摸,一一在眼前消逝。

站立在乐游园里的诗人,面对的是光辉却没有余温的夕阳;看见的是一个庞大瑰丽王朝的背影,历史的风尘不知从哪里席卷而至,将一切辉煌的、华美的、衰败的、黯淡的,全部带走,留下的是一个伟大王朝的轮廓。而我们还有永恒的、繁盛的诗歌,在唐诗的乐游园里悠扬回响,一代又一代,永远地传唱下去。

【唐诗精妙解析】

模式一　"新嫁娘"的比喻形式

古代女性将婚姻视为一生的归宿,这是她们生命中最重要的事。因此,她们总是希望自己能成为最美丽的新娘、最贤惠的妻子、最称职的媳妇。这种戒慎恐惧、步步为营的心情,与进京赶考的考生们是很类似的。朱庆馀这个考生将自己的文稿送给了张籍过目,心中忐忑不安,又不能直接询问张籍的看法,于是,用绝句编写了一则短小的隐喻诗,婉转而又巧妙。我们在创作时,若能恰当地运用比喻,将想法表达得更清楚,不失为一种理想的写作形式。

模式二　《夜雨寄北》的时空穿越术

在现实生活里,时间是按照宇宙的规律、顺序而走的。然而创作时,却像是另外造出的一个宇宙,在这个宇宙中,时间与空间是可以由作者支配的。因此,李商隐身在巴蜀的雨夜,却穿越到了未来,回家后与妻子重逢的时刻。现实中不可能出现,却又符合情理的时空交错,会令作品更自由,也让情感的表达更深刻。

> 座右铭　身无彩凤双飞翼,心有灵犀一点通。

遇上思想或情感契合的知音,是人生一大乐事,不必囿于居住距离的远近、相会时间的长短,只要彼此灵犀相通,互送温暖,也能一起做许多美好的梦,实现许多远大的理想。

诗人点名表

项羽（公元前232—前202年），名籍，字羽，秦朝末年下相（今江苏宿迁）人。公元前207年，于巨鹿之战率领楚军大破秦军，秦朝灭亡后自封为"西楚霸王"，与"汉王"刘邦争夺天下。公元前202年，楚汉相争在垓下之役画下句点，十万楚军全军覆没，项羽突围至乌江自刎身亡。有《垓下歌》流传至今。

陶渊明（公元约365—427年），名潜，或名渊明，字元亮，自号五柳先生，世称靖节先生，为大将军陶侃之孙。浔阳柴桑（今江西九江）人。诗风清新自然，开启田园诗体裁，为古今隐逸诗人之宗，对唐宋诗人影响极大。梁昭明太子萧统搜集其作品，编《陶渊明集》。

斛律金（公元488—567年），字阿六敦，朔州（今山西朔州）人，敕勒族，南北朝的三朝将军，性格耿直，善于骑射，据说能根据敌军扬起的沙尘预知敌军人数。曾在某次战役挫败后，用鲜卑语唱出民歌《敕勒歌》，为北齐神武帝高欢及将士们稳定军心。

王绩（公元约585—644年），字无功，号东皋子，绛州龙门（今山西万荣）人。诗风质朴自然，多描写田园山水，一改前朝诗风浮靡的气息，且为五言律诗奠基，是唐诗格律的先知者。今存《东皋子集》。

卢照邻（公元？—？年），字升之，号幽忧子，幽州范阳（今河北涿县）人，是"初唐四杰"之一。擅长诗歌、骈文，以歌行体为佳，今存《幽忧子集》《卢升之集》。

骆宾王（公元？—？年），字观光，婺州义乌（今浙江义乌）人，是"初唐四杰"之一。诗作题材广泛，笔力雄健，意境深远，擅长七言歌行，五言律诗亦精练，名作《帝京篇》为初唐少有的长篇诗歌。今存《骆丞集》。

李峤（公元645—714年），字巨山，赵州赞皇（今河北赞皇）人。据说年幼时梦见有人送双笔，从此文采精进。长于诗文，与崔融、苏味道、杜审言合称"文章四友"。性格刚正廉直，曾奉武则天之命复查狄仁杰谋反案，却为其平反而违逆武后，被贬为润州司马。今存《李峤集》。

杜审言（公元约645—约708年），字必简，祖籍襄阳（今湖北襄阳），是"诗圣"杜甫的祖父。诗作多为写景、唱和及应制之作，以浑厚见长，工于五律，对近体诗之形成与发展颇有贡献。诗作《和李大夫嗣真奉使存抚河东》，为初唐近体诗中第一长篇。与李峤、崔融、苏味道合称"文章四友"。今存《杜审言诗集》。

苏味道（公元648—705年），赵州栾城（今河北石家庄栾城区）人，是宋代"三苏"的祖先。曾任武则天的宰相，为官处世模棱两可，而有"苏模棱"之称。与李峤、崔融、杜审言合称"文章四友"。诗作虽多属应制、浮艳之类，但《正月十五夜》一诗，却以"火树银花合，星桥铁锁开"等简洁精致的文字，生动描绘出长安城元宵夜的热闹盛况，成为节日诗的经典之作。今存诗作十余首。

王勃（公元约650—约676年），字子安，绛州龙门（今山西河津）人，为"初唐四杰"之一。诗作风格清新，多抒发个人情志，也抨击时弊，其五言律诗有"唐人开山祖"之美誉。今存《王子安集》。

杨炯（公元约650—693？年），华阴县（今陕西华阴）人，为"初唐四杰"之一。擅长五言律诗，诗风充满战斗精神，气势豪放，尤以边塞诗更胜。今存《盈川集》。

宋之问（公元约656—约712年），字延清，一名少连。汾州（今山西汾阳）人，或说虢州弘农（今河南灵宝）人。与沈佺期齐名，时称"沈宋"。据说曾为了夺取外甥刘希夷的《代悲白头翁》诗作中的两句"年年岁岁花相似，岁岁年年人不同"，而派人用沙包将外甥压死。作品虽多是歌功颂德的应制诗，但仍对唐诗格律演变有着极大贡献。今存《宋之问集》。

沈佺期（公元约656—约715年？），字云卿，相州内黄（今河南内黄）人。与宋之问同为宫廷诗人，时称"沈宋"。擅长五言律诗，诗作多是风格绮靡、歌舞升平的应制诗。不过"沈宋"时期算是正式脱离唐以前的古体诗形式，对律诗的成熟与定型有着重要贡献。

贺知章（公元约659—744年），字季真，自号四明狂客，越州永兴（今浙江萧山）人。是著名的书法家，擅长草书、隶书。诗风清新淡雅，擅长绝句，尤以写景、抒怀为甚。曾为李白的《蜀道难》诗作所慑服，赞誉其"天上谪仙人"；喜爱饮酒，与李白同为"饮中八仙"之一。后来成为道士，隐居于镜湖。

陈子昂（公元659—700年），字伯玉，梓州射洪（今四川射洪）人。诗风清峻刚健，语言质朴，改变六朝绮丽柔靡之风，完成唐诗革新的任务。今存《陈拾遗集》。

张九龄（公元678—740年），字子寿，一名博物，韶州曲江（今广东韶关）人，人称"张曲江"，是汉初三杰之一的张良的子孙。性格耿直敢言，是唐朝开元之治的贤相。之后，若有人向唐玄宗举荐人才，玄宗就问："其人风度得如九龄否？"可见其"曲江风度"之美誉与影响力。诗风刚健，文字质朴，托物言志，改变初唐诗风。今存《曲江集》。

王之涣（公元688—742年），字季凌，原籍晋阳（今山西太原市）人。擅长五言诗，以描写边塞风光为胜，为边塞诗派的代表人物。作品常被乐工改编成歌曲。据说王之涣、王昌龄与高适曾相约到旗亭喝酒，听见梨园伶人唱歌，三人便私下约定看谁的作品被唱的次数较多来分高下，并在墙上画线做记号。最后，最出色的伶人唱出了王之涣的《凉州词》，他才略胜一筹，故有"旗亭画壁"的典故。诗作今仅存六首，以《登鹳雀楼》《凉州词》为代表作。

孟浩然（公元689—740年）名浩，字浩然，襄州襄阳（今湖北襄阳）人，又称"孟襄阳"。与王维齐名，同是田园诗派代表人物。诗作多为绝句，题材以山水田园和隐逸为主，诗风清淡自然，不事雕饰，韵味深长，开启盛唐山水诗之先声。今存《孟浩然集》。

王昌龄（公元690？—757？年），字少伯，京兆（今陕西西安）人。与高适、王之涣同为边塞诗的代表人物，有"诗家天子"的美誉。擅长七言绝句，边塞诗气势雄浑愤慨；闺怨诗则哀怨凄婉。其《出塞》诗被喻为唐代七绝的压卷之作，而他又被称为"七绝圣手"。今存《王昌龄集》。

祖咏（公元699年—746？年），洛阳（今河南洛阳）人。诗作以自然景物为主，风格清新接近王维、孟浩然。今存《祖咏集》。

王维（公元701？—761年），字摩诘，号摩诘居士，蒲州（今山西永济）人，世称"王右丞"。名和字均取自《维摩诘经》中的佛门弟子维摩诘居士；且因诗中多禅理，故后世称其为"诗佛"。王维是诗人，与孟浩然合称"王孟"，为田园诗派的代表人物；是画家，建立水墨山水画派，被称为"南宗画之祖"。宋朝苏轼曾赞扬："味摩诘之诗，诗中有画；观摩诘之画，画中有诗。"此外，他亦精通佛学、音乐与书法，是个多才多艺的人。今存《王右丞集》。

李白（公元701—762年），字太白，号青莲居士，世称"诗仙"，与杜甫齐名，时称"李杜"。被贺知章喻为"天上谪仙人"，有着谜样的身世及多重身份，是浪漫诗派的代表，是行侠仗义的剑客，是虔诚求仙的道士。诗风清俊、飘然，表现出反抗传统、追求自由的精神。今存《李太白集》。

崔颢（公元704？—754年），汴州（今河南开封）人。边塞诗雄浑奔放，山水诗语言清新，《黄鹤楼》一诗成就其文学地位。今存《崔颢集》。

王翰（公元687？—726？年），字子羽，晋阳（今山西太原）人。性格豪放，喜欢喝酒，即使遭到贬谪，也过着自在享乐的日子。诗作《凉州词》最负盛名。

高适（公元约700—765年），字达夫，渤海郡（今河北景县）人。与岑参齐名，世称"高岑"，同为边塞诗派代表人物。早年生活困苦，曾四处游历，与李白、杜甫结为好友。安史之乱后官至左散骑常侍，封渤海县侯，世称"高常侍"。曾两次出塞，诗风豪放，笔力雄健，主要描写边疆战事、士兵生活等。今存《高常侍集》。

刘长卿（公元？—780？年），字文房，一说宣城（今安徽宣州）人，一作河间（今河北沧州）人。曾任随州刺史，世称"刘随州"。擅长五言诗，自诩为"五言长城"。诗风接近王维、孟浩然，喜描绘自然景物。今存《刘随州集》。

钱起（公元722？—780？年），字仲文，吴兴（今浙江湖州）人，大历十才子之一，与其中的郎世元并称"钱郎"。诗风清奇，参加科举省试时的诗作《湘灵鼓瑟》，不仅让他金榜题名，还奠定了诗坛地位。今存《钱考功集》。

杜甫（公元712—770年），字子美，自称少陵野老、杜陵布衣，生于河南巩县（今河南巩义），是初唐"文章四友"之一的杜审言之孙，与晚唐诗人杜牧是远房亲戚。因曾任官职，而有"杜拾遗""杜工部"之称；又因搭建草堂于少陵，亦名"杜少陵""杜草堂"。历经安史之乱，诗作悲天悯人并展现唐朝由盛转衰的历程，被誉为"诗圣"及"诗史"，是写实派代表诗人。与李白齐名，世称"李杜"。今存《杜工部集》。

岑参（约公元715—770年），南阳（今河南南阳）人。早期诗作多为写景述怀，诗风绮丽，后因两次出塞，转为描绘边塞与战争景象，气势豪放，成为边塞诗派代表人物，与高适并称"高岑"。今存《岑嘉州集》。

张继（公元？—？年），字懿孙，襄州（今湖北襄阳）人。生平不可考，仅知为天宝年间的进士，曾任洪州盐铁判官。诗作爽朗，不事雕琢。今存《张祠部诗集》。

韩翃（公元？—？年），字君平，南阳（今河南南阳）人，大历十才子之一，诗风轻巧别致，因《寒食》一诗受到唐德宗赏识，而被提拔为中书舍人。曾与歌伎柳氏谱出恋曲，唐代诗人许尧佐将这段发生在荡动岁月中的爱情故事写成《柳氏传》。今存《韩君平诗集》。

韦应物（公元 737—792？年），京兆（今陕西长安）人，世称"韦江州"或"韦苏州"。早年因家世显赫，横行乡里，安史乱后才开始发愤读书。是继陶渊明、王维与孟浩然之后的田园诗名家，后人以"陶韦"或"王孟韦柳"合称。今存《韦苏州集》。

卢纶（公元约 748—约 800？年），字允言，河中蒲州（今山西永济）人，大历十才子之一。曾考上进士，却遇上安史之乱而未能当官，平乱后再度应试履试不进，后由宰相举荐，才升任监察御史。贞元年间任检校户部郎中，而有"卢户部"之称。擅长写景，语言精练。今存《卢户部诗集》。

李益（公元约 748—约 829 年），字君虞，陇西姑臧（今甘肃武威）人。擅长七言绝句，以边塞诗闻名，与族人"诗鬼"李贺齐名。因性格多疑善妒，故时人戏称善妒者患上"李益疾"。今存《李益集》。

孟郊（公元 751—814 年），字东野，湖州武康（今浙江德清）人。近五十岁才考上进士，之后担任溧阳尉，常骑着驴子到郊外作诗而荒废公务，县令找人顶替，并将其薪俸折半。作品以五言古诗为主，用字追求硬瘦，与贾岛同以苦吟著称，苏轼称其为"郊寒岛瘦"；金元之际的文学家元好问则以"诗囚"称之。今存《孟东野诗集》。

张籍（公元约767—约830年），字文昌，乌江（今安徽和县）人。因韩愈举荐，任水部员外郎等职，时称"张水部"或"张司业"。后患目疾，几乎失明，有"穷瞎张太祝"之称。诗作平易自然，对晚唐五律影响较大。与王建齐名，世称"张王"。今存《张司业集》。

王建（公元768？—830？年），字仲初，颍川（今河南许昌）人。曾任陕州司马，有"王司马"之称。擅长乐府诗，反映社会现实，风格与张籍相近，世称"张王"。其《宫词》诗作百首，成为后代研究唐代宫廷生活的重要资料。今存《王司马集》。

韩愈（公元768—824年），字退之，祖籍郡望昌黎（今辽宁义县），世称"韩昌黎"。与柳宗元倡导"古文运动"，合称"韩柳"，为"唐宋八大家"之一。散文、诗均有名，其《祭十二郎文》与李密《陈情表》、诸葛亮《出师表》并列中国三大抒情古文；诗作力求奇诡险怪，是"奇险派"之祖。今存《昌黎先生集》。

刘禹锡（公元772？—842？年），字梦得，自言系出中山（今河北定州）。曾为太子宾客，故称"刘宾客"，是文学家、哲学家和政治家。诗作清新质朴，善用典故。与白居易合称"刘白"；白居易称其"诗豪"。今存《刘梦得文集》。

白居易（公元772—846年），字乐天，号"香山居士""醉吟先生"，下邽（今陕西渭南）人。诗作用字浅白通俗，是写实派诗人代表。与元稹曾同朝为官，并推行"新乐府运动"，二人诗作齐名，形成"元和体",世称"元白"。晚年则与刘禹锡唱和甚多,有"刘白"之称。作品在唐代诗人中流传最广。著有《白氏长庆集》。

柳宗元(公元773—819年),字子厚,河东(今山西永济)人。世称"柳河东",又任柳州刺史,故称"柳柳州"。与韩愈同为"古文运动"领导者,并称"韩柳",亦属"唐宋八大家"。与韦应物合称"韦柳",是继王维、孟浩然之后,著名的田园诗人。今存《柳河东集》。

元稹(公元779—831年),字微之,洛阳(今河南洛阳)人。诗作颇受宫中嫔妃喜爱,而有"元才子"之称。曾与白居易同朝为官,并推行"新乐府运动",二人诗作齐名,形成"元和体",世称"元白",为写实派诗人代表。今存《元氏长庆集》与传奇小说《莺莺传》。

贾岛(公元779—843年),字阆仙,号无本,幽州范阳(今河北涿州)人。又称"贾长江"。早年屡试不第,遂出家为僧,诗作深得韩愈赏识,后还俗。擅长五言律诗,是"苦吟诗人"的代表,诗风和孟郊相近,苏轼称其"郊寒岛瘦";元好问将二人并称为"诗囚"。今存《长江集》。

朱庆馀(公元797—?年),名可久,字庆馀,越州(今浙江绍兴)人。诗作以生活及景物为主,诗风清新,文字细致。今存《朱庆馀诗集》。

杜牧（公元803—约852年），字牧之，号樊川居士，京兆万年（今陕西长安）人。擅长诗文及书法，诗作以五言古诗及七律为胜；书法真迹《张好好诗》是唯一流传于世的真迹。时人称其"小杜"，以别于杜甫；又与李商隐齐名，并称"小李杜"。今存《樊川文集》。

李商隐（公元约813年—约858年），字义山，号玉谿生，怀州河内（今河南沁阳）人。因卷入牛李党争而失意潦倒，诗作多抒发怀才不遇及社会现实。诗风含蓄，辞藻华美，以七言律诗成就最高，和杜牧合称"小李杜"；与温庭筠合称"温李"；诗风与温庭筠、段成式风格相近，且三人在家族中皆排行第十六，故并称"三十六体"。今存《李义山诗集》。

高骈（公元821—887年），字千里，原籍渤海，后迁居幽州（今北京），是唐朝名将之后。担任御史时曾"一箭贯双雕"，故有"落雕御史"之称。据传，黄巢之乱期间，虽派骁将成功阻击，但与宦官有怨，遂不服朝廷征调，并拥兵自重、割据一方，后为部将所杀。

罗隐（公元833—909年），本名横，参加科举十次未果，改名罗隐，字昭谏，余杭（今浙江余杭）人。自号江东生。为人狂妄，继承屈原、杜甫与白居易的忧国忧民精神，诗作反映社会现实，擅长咏史诗。今存《谗书》《罗昭谏集》。

皮日休（公元约838—约883年），字袭美，又字逸少，襄阳（今湖北襄阳）人。隐居鹿门山，自号鹿门子，又号闲气布衣、醉吟先生。

个性孤傲、诙谐好谑，鲁迅称其"正是一塌糊涂的泥塘里的光彩和锋芒"。与诗人陆龟蒙是好友，诗作齐名，世称"皮陆"。今存《皮子文薮》，以及与陆龟蒙唱和的《松陵集》。

陆龟蒙（公元？—881年），字鲁望，长洲（今江苏苏州）人。自号江湖散人、甫里先生，又号天随子。其《耒耜经》一书，是中国唯一的古农具专书；又喜喝茶，曾撰写《茶经》，但已失传。与皮日休齐名，世称"皮陆"。今存《甫里集》，以及与皮日休唱和的《松陵集》。

胡曾（公元约840—？年），邵阳（今湖南邵阳）人。诗作以咏史诗为主，评咏历史人物与事件，借以托古讽今。今存《咏史诗》。

韦庄（公元约836—约910年），字端己，长安杜陵（今陕西西安）人。诗作《秦妇吟》与汉代的《孔雀东南飞》及北朝的《木兰诗》合称"乐府三绝"；擅长写词，与温庭筠同为花间词派重要词人，并称"温韦"。今存诗作《浣花集》，词作则散见于《花间集》《尊前集》等。

黄巢（公元820—884年），曹州冤句（今山东菏泽）人。盐商出身，能文能武，科举落榜后，因朝廷苛政，遂参与农民起义。一度攻占长安称帝，建大齐国，后因内部分裂，屡战屡败后自杀身亡，史称"黄巢之乱"。留有诗作三首，以菊花为题材，展现全新风格。

金昌绪（公元？—？年），临安（今浙江杭州）人。生平事迹不详，仅有一首《春怨》诗传世。

陈陶（公元812？—885？年），字嵩伯，号三教布衣，剑浦（今福建南平）人。诗作虽多属忧时、感叹之类，但仍散发知识分子的批判气节。今存《陈嵩伯诗集》。

曹松（公元约830—903年），字梦征，舒州（今安徽桐城）人。擅五言律诗，虽以"苦吟诗人"贾岛为师，诗风却不幽涩。七十一岁才中进士，与王希羽、刘象、柯崇、郑希颜合称"五老榜"。今存《曹梦征诗集》。

苏轼（公元1037—1101年），字子瞻，号东坡居士，宋代眉州眉山（今四川眉山）人。虽仕途不得志，却是中国文学艺术史上罕见的全才。擅长诗、词、赋、散文、书法和绘画。与父苏洵、弟苏辙，同属"唐宋古文八大家"。散文与欧阳修并称"欧苏"；诗与黄庭坚并称"苏黄"，与陆游并称"苏陆"；词与辛弃疾并称"苏辛"；书法名列"北宋四大家"；画作则开创"湖州画派"。文章雄浑畅达；诗作清新隽逸；并影响词风，由婉约进入豪放，影响后代深远。今存《东坡集》《东坡词》。

李纲（公元1083—1140年），宋代邵武（今福建邵武）人。北宋靖康元年曾击退金兵，宋室南渡后，曾任南宋宰相，虽励精图治，但遭主和派排挤，仅七十五天便遭罢相。诗作充满爱国思想。今存《梁溪集》。

李清照（公元 1084—约 1155 年），字易安，号漱玉，自号易安居士，宋代齐州章丘（今山东章丘西北）人，是著名的女词人，父亲李格非为文学家，丈夫赵明诚为金石考据家。早期作品以伤春怨别为主，靖康之变避乱江南后，充满物是人非的伤情。词风独树一格，有"易安体"之誉，与李白、李煜并称"词家三李"。除了词作，亦有少许诗作留存。今存《李清照集校注》。

杜耒（公元？—1225 年），字子野，号小山，宋代盱江（今江西抚州）人。诗风质朴，《寒夜》一诗为其代表作。

杨万里（公元 1127—1206 年），字廷秀，号诚斋先生，宋朝吉州吉水（今江西吉水）人。前期诗作模仿江西诗派，追求形式，后来焚尽千首诗篇，改以万物为师。诗风自然清新，时称"诚斋体"。与尤袤、范成大、陆游齐名，并称"南宋四大家"。今存《诚斋集》等。

僧志南（公元？—？年），南宋诗僧，法号志南。生平不可考。《绝句》一诗让其留名千古。

包彬（公元 1692—1749 年），字文在，号朴庄，又号惕斋，清代江阴（今江苏无锡）人。诗作多为山水诗，有记游性质。今存《朴庄诗稿》。

赵翼（公元 1727 年—1814 年），字耘崧，号瓯北，晚号三半老人，清代江苏阳湖（今江苏常州）人。为史学家、文学家，擅长五言古诗,和袁枚、蒋士铨并称"江右三大家",又与袁枚、张问陶并称"清代性灵派三大家"。今存《二十二史札记》等。

龚自珍(公元1792—1841年),字璱人,号定庵,清代浙江仁和(今浙江杭州)人。为清朝文字学家段玉裁的外孙,是思想家和文学家。诗作思想先进,批判社会现实。今存《定庵全集》。